초급에서 중급으로

다락원
중국어회화

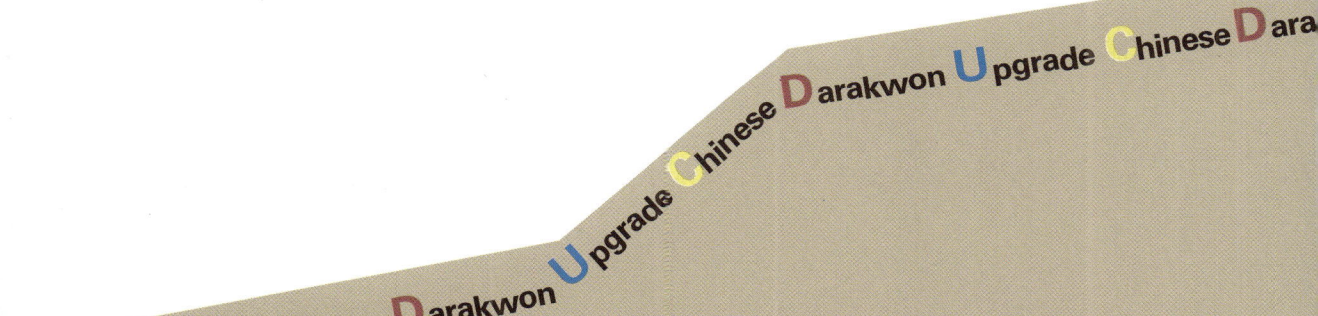

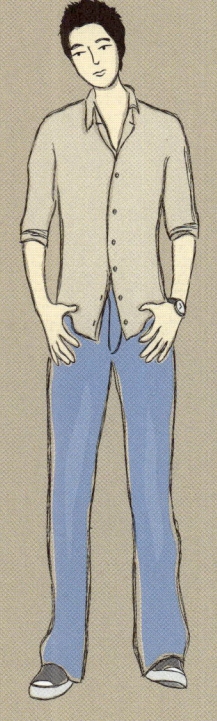

머리말

『다락원 중국어회화-Upgrade Chinese』 시리즈는 중국 산둥대학교 웨이하이 분교의 교수진에 의해, 한국인들이 좀더 쉽고 효과적으로 중국어를 학습하도록 하는 것을 주 목적으로 하여 편찬된 교재이다.

현재 한국에는 중국어 학습에 대한 관심이 계속해서 고조되고 있으며, 향후로도 이 열풍은 더욱 거세질 전망이다. 하지만 대부분의 중국어 학습교재는 중국어를 학습하고자 하는 외국인을 대상으로 하여 쓰여졌을 뿐, 특별히 한국인을 대상으로 하여 쓰여진 교재는 많지 않은 상황이다. 또한 한국인을 위해 쓰여진 교재도 체계성과 과학성이 결여된 경우가 많았다.

이러한 와중에 본 편찬위원회는 〈한국인의 중국어 학습을 위한 연구〉라는 과제를 맡고, 그 첫 성과로 본 교재를 집필하게 되었다. 한국인을 위해 전문적으로 쓰여진 중국어 교재에 목말라하고 있던 터였기에 매우 다행스러운 일이 아닐 수 없다.

이 교재의 장점은 다음과 같다.

첫째는 교재의 정확성(針对性)을 들 수 있다. 지금까지 나왔던 많은 교재들은 혹은 한국의 교수진에 의해 집필되기도 했고 혹은 중국의 교재를 번역출판한 경우도 있었지만, 대부분 한국인이 중국어를 학습하면서 가려워하는 부분을 제대로 짚어서 속시원히 해결해 주지 못했었다. 이제 이런 교재를 한국 교재시장에 선보일 수 있게 된 데 무한한 기쁨을 느끼며, 많은 선생님들과 학습자들로부터 진심어린 환영을 받을 것이라 믿어 의심치 않는다.

이 교재의 두 번째 장점은 최신 교재라는 점(当代感)이다. 교재의 본문에 쓰인 모든 어휘와 문장 등은 현재 가장 보편적으로 많이 쓰이고 있는 것들에서 선택되었으며, 이는 학습자들이 더 빨리 더 쉽게 중국에서 현재 쓰이고 있는 표현과 어법을 학습할 수 있도록 도와줄 것이다.

세 번째 장점은 이 교재의 실용성에 있다. 이 교재의 집필에 참여하신 교수님들은 모두 장기간 한국 유학생들의 중국어 지도에 종사하신 분들로, 모두 한국 학생들이 중국어를 배우는 데 있어서의 유리한 점과 불리한 점을 너무나도 자세히 알고 있다.

 그랬기에 경험을 통해 알게 된 이러한 점들을 집필에 적용시킴으로써, 학습자들이 적은 노력으로도 더 많은 효과를 거둘 수 있도록, 학습 효과를 단기간에 직접 몸으로 느낄 수 있도록 하기 위해 노력하였다.

 넷째로 이 책은 과학적으로 집필되었다. 처음 만나 인사를 나누는 데서 시작하여, 자신의 주변 환경을 묘사하고, 나아가 학습과 일, 여행 등 소재를 점점 확대시킴으로써, 표현법과 언어적 사고를 체계적으로 확대시켜 나갈 수 있도록 구성하였다. 이 과정에서 매 어법사항을 배울 때마다 그 자리에서 직접 연습문제를 통해 확인하도록 함으로써 바로바로 적용시키는 방법을 익히도록 했다는 점을 큰 특징으로 들 수 있다. 또한 풍부한 연습문제를 통해 수업시간에 직접 훈련을 하고 수업이 끝난 후 스스로 재차 확인토록 하여, 학습자들이 매일매일의 학습사항을 충분히 복습할 수 있도록 하였다.

 이 책이 한국에서 출판되어 나오기까지 많은 분들의 도움이 있었음을 밝히고 싶다. 고려대학교 장향실 교수께서는 바쁘신 와중에도 한국어 번역부분을 세밀하게 검토해 주셨으며, 서해초(徐海超)선생님과 곽화빙(郭化冰)선생님도 소재의 제공과 편찬에 참여하였다. 이 모든 분들께 충심으로 사의를 표하고 싶다. 또한 원고를 세심하게 검토하여 학습자들에게 내놓을 수 있도록 해 준 다락원 중국어편집부와 한국의 많은 친구들에게도 감사드린다.

 대외중국어 교학에 다년간 몸담고 있는 교수진이 그 경험을 총괄하여 만들어낸 교재인 만큼, 한국의 중국어 입문자들에게 더없이 효과적이고 적합한 교재임을 확신하며 이 교재를 자신있게 추천하는 바이다. 아울러 여러 학습자들과 이 책을 사용하시는 국내외 전문가들, 동료들, 선생님들의 준엄한 질정을 기다린다.

2004년 7월
교재편찬위원회

이 책을 학습하기 전에...

1. 이 책의 구성

『다락원 중국어회화-Upgrade Chinese』시리즈는 중국어를 처음 배우는 한국인을 대상으로 편찬한 교재로, 〈입문편〉, 〈기초편〉, 〈초급편〉, 〈초급에서 중급으로〉의 4단계로 구성되었다. 한 권은 총 8과로 이루어지는데, 단 〈입문편〉의 경우에는 한어병음을 따로 학습하는 부분이 포함되어 본문은 총 6과로 이루어진다.

〈초급에서 중급으로〉의 각 과의 구성은 다음과 같다.

Step 1 : 기본회화 익히기
하나의 주제를 2-3개의 상황으로 나누어 표현을 배우도록 함으로써, 학습자들이 다양한 상황에서 의사소통을 할 수 있도록 유도하였다.

Step 2 : 어법 포인트 콕콕 찍어주기
회화에서 다루어지는 어법을 혼인용 연습문제와 함께 학습함으로써 응용을 통해 쉽게 이해하고 기억할 수 있도록 하였다.

Step 3 : 주요표현&어휘 따라잡기
각 과의 핵심표현에 대한 부가설명과 함께 학습해야 할 추가표현을 정리하였다. 또한 이를 응용하기 위해 참고로 알아 두어야 할 어휘들을 삽화와 함께 제공하여 흥미있게 학습할 수 있도록 하였다.

Step 4 : 이렇게 저렇게 말해보기
핵심표현을 'Step 3'에서 배운 어휘를 이용하여 교체연습을 하도록 하는 코너로, 강의를 들은 후 학습자들이 혼자 반복해서 학습한 내용을 복습하여 익히도록 하였다.

Step 5 : 중국어 실력 쑥쑥 키우기
그 과에서 배운 어법과 주요표현 등을 연습문제를 통해 최종 복습하는 코너이다. 강의시간에 확인용으로 사용할 수도 있고, 책의 뒤에 정답이 제공되기 때문에 학습자들이 개인적으로 복습할 수도 있다. 끝에 '발음클리닉' 코너를 두어 绕口令을 통해 중국어발음을 훈련할 수 있도록 하였다.

쉬어가는 페이지 : 중국문화 읽기
중국어를 배우고 중국을 알아가면서 자주 접하게 되는 중국 역사속의 인물에 대한 고사를 다채로운 사진과 함께 소개하였다. 또한 마지막 과에서는 중국인들이 즐겨 외우는 당시 두 수를 수록하여 문학에 대한 지식도 넓혀나갈 수 있도록 하였다.

이 책은 풍부한 삽화와 함께 전면 올컬러로 제작되어 학습자들이 싫증을 내지 않고 흥미롭게 중국어를 학습할 수 있도록 하였다. 또한 매 과의 끝에는 간체자 펜맨십을 포함시켜, 학습자들이 각 과에서 다루어지는 생소한 간체자를 쓰는 훈련을 할 수 있도록 하였다.

2. 표기규칙

이 책에 나오는 중국의 지명이나 건물, 기관, 관광명소의 명칭 등은 중국어발음을 한국어로 표기하는 것을 원칙으로 하였다. 단, 우리에게 한자발음으로 잘 알려진 것에 한하여 한자발음으로 표기하였다.

예 北京 → 베이징   颐和园 → 이화원

인명의 경우, 각 나라에서 실제로 읽히는 발음을 기준으로 하여 한국어로 그 발음을 표기하였다.

예 尹惠林 → 윤혜림   王明 → 왕밍   大卫 → 데이빗

3. 품사 약어표

품사명	약어	품사명	약어	품사명	약어
명사	명	고유명사	고유	형용사	형
동사	동	어기조사		감탄사	감
수사	수	동태조사	조	접속사	접
부사	부	구조조사		접두사	접두
개사	개	대사, 의문대사	대	접미사	접미
양사	양	수량사	수량	조동사	조동

차례

- ■ 머리말
- ■ 이 책을 학습하기 전에

제1과 汉语学习 9
중국어학습에 대하여
- 1〉 시량보어
- 2〉 조동사 '得'
- 3〉 조동사 정리

제2과 过节 23
명절 쇠기
- 1〉 要……了
- 2〉 복합방향보어
- 3〉 중국의 명절과 관련된 다양한 표현

제3과 上学与找工作 37
진학과 취업에 대하여
- 1〉 가능보어
- 2〉 동작의 동시진행을 나타내는
  '一边……一边……'

제4과 日常生活 49
일상생활
- 1〉 피동문
- 2〉 '被'자문
- 3〉 반문문(反问句)
- 4〉 격려, 권고 등을 할 때 관용적으로 쓰는 표현

제5과 家居环境 63
주거환경에 대하여
- 1〉 동작이나 상태의 지속
- 2〉 구조조사 '地'
- 3〉 자주 쓰이는 양사 정리

제6과 中国的气候 75
중국의 날씨에 대하여
- 1〉 '比'자문
- 2〉 一点儿也不/没……

제7과 中国城市 87
중국의 도시에 대하여
- 1〉 '有/没有'를 이용한 비교문
- 2〉 '一样/不一样'을 이용한 비교문
- 3〉 '不如'를 이용한 비교문
- 4〉 '不比'를 이용한 비교문

제8과 庆贺 99
축하하기
- 1〉 '把'자문
- 2〉 ……一下子（就）……
- 3〉 连……也/都……

- ■ 부록 113
  - · 본문해석
  - · 연습문제 정답
  - · 색인 - 본문어휘 색인/보충어휘 색인

1 汉语学习
중국어학습에 대하여

이 과의 학습포인트
1. 시량보어
2. 조동사 '得'
3. 즈동사 정리

Key Expressions Track 01

你学了多长时间汉语了?　당신은 중국어를 배운 지 얼마나 되었습니까?
你还得再学几年。　당신은 아직도 몇 년을 더 배워야 합니다.
他教我一个小时汉语。　그는 나에게 한 시간 동안 중국어를 가르칩니다.

 **Step 1 : 기본회화 익히기** Track 02~07

[회화1]　张　兰： 你在韩国学过汉语吗？
　　　　　　　　Nǐ zài Hánguó xué guo Hànyǔ ma?

　　　　　吴大锡： 学过。
　　　　　　　　Xué guo.

　　　　　张　兰： 学了多长时间？
　　　　　　　　Xué le duō cháng shíjiān?

　　　　　吴大锡： 学了一两个月。
　　　　　　　　Xué le yì liǎng ge yuè.

　　　　　张　兰： 现在在哪儿学习？
　　　　　　　　Xiànzài zài nǎr xuéxí?

　　　　　吴大锡： 清华大学。
　　　　　　　　Qīnghuá Dàxué.

　　　　　张　兰： 你觉得汉语难吗？
　　　　　　　　Nǐ juéde Hànyǔ nán ma?

　　　　　吴大锡： 我觉得发音、声调很难；读、写比较容易。
　　　　　　　　Wǒ juéde fāyīn, shēngdiào hěn nán; dú, xiě bǐjiào róngyì.

[단어]　汉语　Hànyǔ　명 중국어　　　吴大锡　Wú Dàxī　고유 오대석(인명)
　　　时间　shíjiān　명 시간　　　　清华大学　Qīnghuá Dàxué　고유 칭화대학교
　　　发音　fāyīn　명 발음　　　　　声调　shēngdiào　명 성조
　　　读　dú　동 읽다　　　　　　　写　xiě　동 쓰다
　　　容易　róngyì　형 쉽다

[회화2]　王老师：你学了多长时间汉语了？
　　　　　　　　Nǐ xué le duō cháng shíjiān Hànyǔ le?

　　　　　李英爱：学了半年多了。
　　　　　　　　Xué le bàn nián duō le.

　　　　　王老师：你说得不错啊。
　　　　　　　　Nǐ shuō de búcuò a.

　　　　　李英爱：还差得远呢，我希望能说得像中国人一样。
　　　　　　　　Hái chà de yuǎn ne, wǒ xīwàng néng shuō de xiàng Zhōngguó rén yíyàng.

　　　　　王老师：那你还得再学几年。
　　　　　　　　Nà nǐ hái děi zài xué jǐ nián.

　　　　　李英爱：是啊，我准备再学两三年，然后参加汉语水平考
　　　　　　　　Shì a, wǒ zhǔnbèi zài xué liǎng sān nián, ránhòu cānjiā Hànyǔ Shuǐpíng Kǎo
　　　　　　　试，达到八级。
　　　　　　　　shì, dádào bā jí.

[단어]　希望　xīwàng　⑧ 희망하다, 바라다
　　　像……一样　xiàng……yíyàng　～와 같다
　　　得　děi　조동 ～해야 한다
　　　再　zài　🖁 다시
　　　准备　zhǔnbèi　⑧ 준비하다
　　　然后　ránhòu　🖁 연후에, 그리고 나서
　　　参加　cānjiā　⑧ 참가하다
　　　汉语水平考试　Hànyǔ Shuǐpíng Kǎoshì　고유 한어수평고시(HSK, 중국어 능력 평가 시험)
　　　达到　dádào　⑧ 도달하다
　　　级　jí　양 급

[회화3]　　我是韩国留学生，我在清华大学学习汉语，我每天
　　　　　　Wǒ shì Hánguó liúxuéshēng, wǒ zài Qīnghuá Dàxué xuéxí Hànyǔ, wǒ měitiān

上午上四节课，下午和中国朋友一起学习，我教他一个
shàngwǔ shàng sì jié kè, xiàwǔ hé Zhōngguó péngyou yìqǐ xuéxí, wǒ jiāo tā yí ge

小时韩语，他教我一个小时汉语，我们进步都很快。晚
xiǎoshí Hányǔ, tā jiāo wǒ yí ge xiǎoshí Hànyǔ, wǒmen jìnbù dōu hěn kuài. Wǎn-

上，我先看一个小时电视，然后再学习三、四个小时的
shang, wǒ xiān kàn yí ge xiǎoshí diànshì, ránhòu zài xuéxí sān、sì ge xiǎoshí de

汉语。虽然学习很紧张，但是很充实。
Hànyǔ. Suīrán xuéxí hěn jǐnzhāng, dànshì hěn chōngshí.

[단어]　节　jié　양 (수업시간을 세는 단위)
　　　　小时　xiǎoshí　명 시간
　　　　韩语　Hányǔ　고유 한국어
　　　　进步　jìnbù　통 진보하다, 발전하다
　　　　电视　diànshì　명 텔레비전
　　　　虽然　suīrán　접 비록 ～일지라도
　　　　紧张　jǐnzhāng　형 긴장하다, 여유가 없다
　　　　充实　chōngshí　형 충실하다

Step 2 : 어법 포인트 콕콕 찍어주기

1 시량보어

동사 뒤에 놓여 동작이나 상태가 지속된 시간을 나타내는 보어를 '시량보어(时量补语)'라 한다. 형식은 '동사 + (了) + 시량보어 + (的) + 목적어'이며, 이때 사용되는 동사는 반드시 지속을 나타낼 수 있는 동사여야 한다.

① 我等了他一个小时。⋯ 주어+동사+인칭대사목적어+시량보어
② 我睡了一个小时。⋯ 주어+동사+시량보어
③ 他找了半天。⋯ 주어+동사+시량보어
④ 我学了三个月(的)汉语。⋯ 주어+동사+시량보어+명사목적어
⑤ 我们上了四个小时(的)课。⋯ 주어+동사+시량보어+명사목적어

만약 동사가 목적어를 가졌거나 동사가 복합동사라면 일반적으로 목적어 뒤에 동사를 중복하고 시량보어를 중복된 동사 뒤에 놓는다. 이때 완료를 나타내는 동태조사 '了'는 두 번째 동사 뒤에 쓰인다. 물론 시량보어를 동사와 목적어 사이에 놓을 수도 있다.

⑥ 我看电视看了三个小时。／我看了三个小时(的)电视。
⑦ 他游泳游了一个下午。／他游了一个下午(的)泳。
⑧ 他上学上了四年。／他上了四年(的)学。

| 참고1

만약 한 동사가 표시하는 동작이 지속될 수 없을 경우, 시량보어는 그 동작이 시작시점부터 어떤 단계까지 진행됐음을 표시한다.

⑨ 我来北京三年了。
⑩ 我结婚一个月了。
⑪ 我毕业一年了。

| 참고2 |

'동사+ 了+시량보어+ 了'는 이 동작이 여전히 지속되고 있음을 나타낸다. 이러한 형식은 현재에 이르기까지 지속된 동작의 시간이나 다다른 수량을 설명하며, 그 동작이 앞으로도 지속될 것이라는 의미도 내포하고 있다.

⑫ 我吃了半天了。(아직 다 먹지 않았음)

⑬ 他睡了三个小时了。(여전히 자고 있으며 계속 잘 것임)

⑭ 他看电视看了一个小时了。(1시간째 보고 있으며 계속 볼 것임)

❷ 조동사 '得'

조동사 '得'는 '应该', '必须'와 같은 의미로 '~해야 한다'라고 해석된다. 회화체에 쓰인다.

① 我得去学校上课。

② 时间不早了，我得走了。

③ 这件衣服得二百块钱。

④ 我得早点儿睡，明早得早起。

➕ 应该 yīnggāi 반드시 ~해야 한다 / 必须 bìxū 반드시 ~해야 한다 / 时间 shíjiān 시간

Step 3 : 주요 표현 & 어휘 따라잡기

■ **지금까지 배운 조동사를 정리해 봅시다.**

조동사	의미	부정형	예문
可以	~해도 된다	不能 / 不可以	A : 我可以走吗？ B : 你不能走。
要	~해야 한다	不用	A : 要换车吗？ B : 不用换车。
要	~하려고 하다	不想	A : 你要喝啤酒吗？ B : 我不想喝啤酒，我想喝可乐。
能	~할 수 있다	不能	我有事儿，不能去。
能	의문문이나 부정문에서 객관적인 허락을 나타내는 경우	不能	A : 这儿能吸烟吗？ B : 可以。／不能吸烟。
想	~하고 싶다, ~할 예정이다	不想	A : 你想去北京吗？ B : 我不想去北京，我想去上海。
会	~일 것이다	不会	现在下这么大雪，他不会来了。
会	~할 수 있다(학습에 의한 능력에 대해 쓰임)	不会	A : 你会做中国菜吗？ B : 不会。
得	~해야 한다	不用	A : 我还得考虑考虑。 B : 你不用再考虑了，就这么办吧。

➕ 考虑 kǎolǜ 고민하다, 생각해 보다

 **Step 4 : 이렇게 저렇게 말해보기** Track 08

1   我 看/睡/读/坐 了 半个小时电视。/五个小时觉。/四年大学。/两个小时火车。

2

Ⓐ 你 学/听/看 了多长时间(的) 汉语/音乐/电视 了？

Ⓑ 我 学/听/看 了 两年/一个小时/两个小时 了。

3 他的汉语说得/王老师家的书多得/她长得 像 中国人/图书馆/模特儿 一样。

4 我想再 学两年日语。/吃一碗米饭。/去一次中国。/看一会儿书。

5 你得 好好儿学习。/去看医生。/小心点儿。/早点儿回来。

➕ 模特儿 mótèr 모델

Step 5 : 중국어 실력 쑥쑥 키우기 Track 09

1 녹음을 듣고, 다음 그림을 일이 발생한 순서대로 배치하시오.

_____ ➡ _____ ➡ _____ ➡ _____ ➡ _____ ➡ _____

2 본인의 상황에 따라 다음 대화를 완성하시오.

A : 你学了多长时间汉语了？

B : _____。

A : 你去没去过中国？

B : _____。

A : 你觉得汉语难吗？

B : _____。

A : 你打算参加HSK吗？

B : _____。

3 그림을 보고 시량보어를 이용하여 문장을 완성하시오.

(1) 她坐了＿＿＿＿＿＿＿＿＿＿。

(2) 他等了＿＿＿＿＿＿＿＿＿＿。

(3) 她睡了＿＿＿＿＿＿＿＿＿＿。

(4) 他打了＿＿＿＿＿＿＿＿＿＿。

(5) A：你父母结婚多少年了？
　　B：＿＿＿＿＿＿＿＿＿＿＿＿。

(6) A：你认识她多长时间了？
　　B：＿＿＿＿＿＿＿＿＿＿＿＿。

4 다음 각 문장의 적절한 위치에 조동사 '得'를 넣으시오.

(1) 今天丽丽不能来上课，我告诉老师一下儿。

(2) 要考试了，好好儿复习。

(3) 我不知道他的电话号码。你告诉我，我记下。

(4) 下大雪了，你多穿衣服。

5 조동사의 부정형을 이용하여 다음 대화를 완성하시오.

(1) A : 这儿可以吸烟吗？
B : _____。

(2) A : 牛奶要热一下儿吗？
B : _____。

(3) A : 你要出国留学吗？
B : _____。

(4) A : 你今天得给父母打个电话。
B : _____。

6 조동사 '得'를 이용하여 다음 문장을 완성하시오.

(1) 妈妈病了，_____。（做饭）
(2) 我们很长时间没见面了，_____。（发电子邮件）
(3) 要学好汉语，_____。（努力）
(4) 我已经大学毕业了，_____。（找工作）

7 자신의 학습상황에 대해 중국어로 대화를 나누시오.

[화두] (1) 你学过……吗？学了多长时间？
(2) 你……说得不错啊！

○ 记 jì 기억하다, 적다

중국문화 읽기

애국시인 굴원(屈原)

기원전 340년에 초(楚)나라의 귀족 가문에서 태어난 굴원은 중국 역사상 매우 위대했던 애국시인이었다.

그는 초나라의 관리로 있으면서 많은 개혁을 주장하였고, 제(齐)나라와 연합해 진(秦)나라에 대항할 것을 주장하였다. 하지만 간신배들에 의해 그의 주장은 묵살되었고, 굴원은 모함을 받아 장기간 유배생활을 하게 된다.

유배생활을 하던 기원전 278년, 초나라의 수도인 영(郢)이 진나라에 침공을 당하자, 이에 비분강개한 굴원은 멱라강(汨罗江)에 투신자살을 한다. 이날이 음력 5월 5일로, 사람들은 물고기가 그의 시체를 뜯어먹지 못하도록 하기 위해 찹쌀을 대나무 잎으로 싸서 강물에 던지고, 물고기가 놀라 도망가도록 배를 강에 띄웠다고 한다. 이렇게 매년 5월 5일 그의 죽음을 기리면서 단오절의 전통 행사인 용주경기(龙舟赛)와 전통음식인 종자(粽子)가 유래하게 되었다.

시인 굴원은 초나라 방언과 민간가요의 형식을 이용해 새로운 시가 형식을 창조했는데, 이를 '초사체(楚辞体)'라 한다. 그의 작품에는 초나라에 대한 깊은 걱정과 애국심 등이 고스란히 담겨 있는데, 그 중 가장 유명한 작품이 서정시인 「이소(离骚)」이다. 그의 작품은 문체가 아름다워, 중국 뿐 아니라 전 세계에 번역되어 널리 읽히고 있다.

굴원의 상 중국 고대 문학사상 높게 평가받는 '초사체'를 창시한 굴원은 그의 문학적 업적뿐 아니라 투철한 애국심으로 인해서도 중국인들에게 널리 추앙받고 있다.

华 huá	丿 亻 化 华 华
声 shēng	一 十 卢 吉 吉 声
调 diào	讠 讯 训 闯 调 调 调
读 dú	讠 讠 诗 诗 读 读
间 jiān	丶 丬 门 门 问 间 间
准 zhǔn	冫 冫 汢 汢 准 准

备 備·bèi	ノ ク 久 各 各 备 备
	备 备 备

达 達·dá	一 大 丈 达
	达 达 达

级 級·jí	纟 纟 纫 级
	级 级 级

视 視·shì	〻 礻 礻 ネ 视 视
	视 视 视

虽 雖·suī	丨 口 吕 吊 虽 虽
	虽 虽 虽

紧 緊·jǐn	丨 ㄐ 坚 坚 紧 紧
	紧 紧 紧

2 过节

명절 쇠기

이 과의 학습포인트
1. 要……了
2. 복합방향보어
3. 중국의 명절과 관련된 다양한 표현

Key Expressions Track 10

刚过完中秋节，又到国庆节了。 막 중추절을 지냈는데, 또 국경절이 되었네요.
越来越多的年轻人喜欢过外国的节日了。 점점 더 많은 젊은이들이 외국의 명절을 지내는 것을 좋아합니다.
我去超市买回来几盒月饼。 수퍼마켓에 가서 월병 몇 박스를 사왔습니다.

 Step 1 : 기본회화 익히기 Track 11~16

[회화1] 金在旭: 刚过完中秋节，又到国庆节了。
Gāng guòwán Zhōngqiūjié, yòu dào Guóqìngjié le.

张 兰: 中国的节日真多呀。
Zhōngguó de jiérì zhēn duō ya.

马丽丽: 是啊，中国有多少节日恐怕中国人也不清楚。
Shì a, Zhōngguó yǒu duōshao jiérì kǒngpà Zhōngguó rén yě bù qīngchu.

张 兰: 真是这样。有传统的春节、中秋节，还有一些纪
Zhēnshì zhèyàng. Yǒu chuántǒng de Chūnjié、Zhōngqiūjié, hái yǒu yìxiē jì-

念性的，像国庆节，"五一"劳动节什么的。此
niànxìng de, xiàng Guóqìngjié, "Wǔyī" Láodòngjié shénme de. Cǐ-

外，越来越多的年轻人还喜欢过外国的节日了。
wài, yuèláiyuè duō de niánqīng rén hái xǐhuan guò wàiguó de jiérì le.

[단어]
中秋节 Zhōngqiūjié 고유 추석, 중추절
节日 jiérì 명 명절, 기념일
传统 chuántǒng 명 전통
纪念性 jìniànxìng 명 기념적인 성격
劳动节 Láodòngjié 고유 노동절
越来越…… yuèláiyuè…… 점점 더~
外国 wàiguó 명 외국

国庆节 Guóqìngjié 고유 국경절
清楚 qīngchu 형 분명하다, 뚜렷하다
春节 Chūnjié 고유 설
像 xiàng 부 ~와 같다
此外 cǐwài 접 이 외에도
年轻人 niánqīngrén 명 젊은이

TIGAO SHUIPING

■ 又到国庆节了。

부사 '再'와 '又'는 동작 혹은 상황이 중복됨을 나타낸다. 단, '再'는 아직 발생하지 않은 동작이나 상황에 대해, '又'는 이미 이루어진 동작이나 상황을 나타낼 때 쓰인다.
① 我今天又去看他了。 ② 明天我再去看他。

■ 越来越多的年轻人喜欢过外国的节日了。

'越来越……'는 '越A越B' 형식의 하나로 시간이 감에 따라 정도가 심화됨을 나타낸다. '越A越B'는 A함에 따라 B의 정도가 점차 심화됨을 뜻한다.
① 天气越来越冷。 ② 他的汉语越学越好。

[회화2]

王　明：英爱，快帮我拿进去。
Yīng'ài, kuài bāng wǒ ná jìnqu.

李英爱：你这是去哪儿了？
Nǐ zhè shì qù nǎr le?

王　明：中秋节就要到了，我去超市买回来几盒月饼。
Zhōngqiūjié jiù yào dào le, wǒ qù chāoshì mǎi huílái jǐ hé yuèbǐng.

李英爱：中秋节？在韩国也是非常重要的节日。
Zhōngqiūjié? Zài Hánguó yě shì fēicháng zhòngyào de jiérì.

王　明：你们怎么过？
Nǐmen zěnme guò?

李英爱：我们全家团圆、要吃打糕、赏月。
Wǒmen quán jiā tuányuán, yào chī dǎgāo, shǎng yuè.

王　明：跟中国差不多，只是我们吃的是月饼。
Gēn Zhōngguó chàbuduō, zhǐshì wǒmen chī de shì yuèbǐng.

[단어]　拿　ná　동 들다, 가지다
超市　chāoshì　명 수퍼마켓
盒　hé　양 통, 합, 갑
月饼　yuèbǐng　명 월병
非常　fēicháng　부 대단히, 매우
重要　zhòngyào　형 중요하다
全　quán　형 모든, 전체의
团圆　tuányuán　동 가족이 한자리에 모이다
打糕　dǎgāo　명 송편
赏　shǎng　동 감상하다
月　yuè　명 달
差不多　chàbuduō　형 비슷하다
只是　zhǐshì　부 다만

명절 쇠기 | 25

[회화3]　春节是中国最重要的传统节日。春节的前一天叫
Chūnjié shì Zhōngguó zuì zhòngyào de chuántǒng jiérì. Chūnjié de qián yì tiān jiào

除夕，人们贴对联，放鞭炮，吃饺子。
chúxī, rénmen tiē duìlián, fàng biānpào, chī jiǎozi.

大年初一，大家相互拜年—"过年好"、"恭喜发
Dànián chūyī, dàjiā xiānghù bàinián — "Guònián hǎo"、"Gōngxǐ fā-

财"，一直到正月十五都很热闹。最高兴的是孩子们，
cái", yìzhí dào zhēngyuè shíwǔ dōu hěn rènao. Zuì gāoxìng de shì háizimen,

他们穿新衣服，收压岁钱，放鞭炮，别提多高兴了。
tāmen chuān xīn yīfu, shōu yāsuìqián, fàng biānpào, bié tí duō gāoxìng le.

[단어]
除夕　chúxī　명　섣달 그믐밤, 제야
对联　duìlián　명　대련, 주련(종이나 천, 나무, 기둥 등에 마주보게 적은 글귀)
放　fàng　동　(폭죽 등을) 터뜨리다
大年　dànián　명　음력 정월
相互　xiānghù　부　서로
恭喜发财　gōngxǐ fācái　부자되세요
热闹　rènao　형　번화하다, 떠들썩하다
压岁钱　yāsuìqián　명　세뱃돈

贴　tiē　동　붙이다
鞭炮　biānpào　명　폭죽
初　chū　형　초, 처음의
拜年　bàinián　동　세배하다
正月　zhēngyuè　명　정월
收　shōu　동　받다

■ 别提多高兴了。

'别提多……了'는 정도가 높거나 심함을 나타낸다.
① 别提多难了。　　　　　　　② 别提多聪明了。

Step 2 : 어법 포인트 콕콕 찍어주기

1 要……了

'要……了' 문형은 하나의 동작 혹은 어떤 상황이 머지 않아 발생할 것임을 나타낸다. 시간이 긴박함을 나타낼 경우 '要' 앞에 '就'나 '快'를 붙인다. '快要……了'는 흔히 '快……了'로 생략하여 쓸 수 있다. 그러나 문장에 구체적인 시간을 나타내는 단어가 있을 경우, '快要……了'는 쓸 수 없다.

① 我明年就(要)结婚了。　　② 他下星期就(要)回国了。
③ 我快(要)结婚了。　　　　④ 他快(要)回国了。

2 복합방향보어

동사 '上', '下', '进', '出', '回', '过', '起' 등의 뒤에 '来'나 '去'를 결합시켜 동사 뒤에 사용하면, 동작의 방향을 나타내는 복합방향보어가 된다. 동사 뒤에 목적어가 올 경우 그 위치는 목적어의 성격에 따라 달라진다. 목적어가 보통명사면 '来 / 去'의 앞이나 뒤에 다 놓일 수 있지만, 장소를 나타내는 단어면 반드시 '来 / 去'의 앞에 놓인다.

① 他从教室里走出来。　　② 老师走进教室来。
③ 我昨天买回一些水果来。④ 他拿过来一本杂志。

자주 쓰이는 복합방향보어의 확대적 의미

(1) 起来

a. 사람이나 사물, 동작 등이 아래에서 위로 향함을 나타낸다.
　예) 这时，从后排站起来一个人了。

b. 동작이 완료되었으며, 목적이나 결과를 이루었음을 나타낸다.
　예) 想起来了，钱包在抽屉里呢。

➕ 排 pái 줄, 열 / 想 xiǎng 생각하다 / 钱包 qiánbāo 지갑 / 抽屉 chōuti 서랍

c. 동작이나 상태가 시작되어 계속 발전해 나감을 나타낸다.(형용사가 올 경우 긍정적, 적극적 의미의 형용사가 온다.)
　예 天气暖和起来了。

d. 한 방면에서의 예측이나 평가를 나타낸다.
　예 看起来, 他不会参加了。

(2) 过来 / 过去
a. 한 지점에서 다른 지점으로 이동함을 나타낸다.
　예 天上飞过去一架飞机。

b. 동작의 방향이 바뀜을 나타낸다.
　예 他转过头来, 我才认出是我的老朋友。

c. 원 상태, 혹은 정상적인 상태로 돌아옴을 나타낸다.
　예 他终于醒过来了。

(3) 下来
a. 사물의 분리나 고정을 나타낸다.
　예 车停了下来。

b. 동작이 출현하여 계속 발전함을 나타낸다.
　예 他渐渐地安静下来了。

(4) 下去
a. 동사 뒤에 쓰여 동작이 여전히 계속됨을 나타낸다.
　예 你再讲下去吧。

b. 형용사 뒤에 쓰여 어떤 상태가 나타나 계속 발전해 나감을 나타낸다. '起来'와는 반대로 주로 소극적 의미의 형용사 뒤에 쓰인다.
　예 已经八十公斤了, 再胖下去可不行。

➕ 架 jià 대(양사) / 飞 fēi 날다 / 认 rèn 식별하다, 알아보다 / 终于 zhōngyú 끝내, 마침내 / 醒 xǐng 깨다 / 渐渐 jiànjiàn 점점, 점차 / 安静 ānjìng 안정하다, 조용하다

 **Step 3 : 주요 표현 & 어휘 따라잡기** Track 17

■ **중국의 명절과 관련된 다음 표현들을 익혀둡시다.**

주요명절	관련표현
春节 Chūnjié 춘절	腊八粥 làbāzhōu 납팔죽. 음력 12월 8일에 풍년을 기원하면서 먹는 죽. 年夜饭 niányèfàn 음력 12월 30일 저녁에 온가족이 모여서 먹는 음식. 放鞭炮 fàng biānpào 폭죽을 터뜨리다. 年画 niánhuà 춘절에 가정의 평안을 기원하며 붙이는 그림. 春联 chūnlián 길상이나 축복의 말을 적어 대문에 붙이는 글씨. 拜年 bàinián 세배하다. 压岁钱 yāsuìqián 세뱃돈.
元宵节 Yuánxiāojié 원소절	灯笼 dēnglóng 등롱 元宵 yuánxiāo 원소. 찹쌀가루로 둥글게 만든 전통음식.
端午节 Duānwǔjié 단오절	钟馗 Zhōngkuí 종규. 역귀(疫鬼)를 쫓아낸다는 중국의 신(神). 香包 xiāngbāo 향주머니. 액막이를 기원하는 의미가 있음. 龙舟赛 lóngzhōusài 돛주경기. 粽子 zòngzi 종자. 찹쌀 속에 대추, 고기, 땅콩 등의 소를 넣고 대나무 잎으로 싸서 만든 전통음식.
中秋节 Zhōngqiūjié 중추절	拜月 bài yuè 달에 제사를 지내다. 赏月 shǎng yuè 달을 감상하며 소원을 빌다. 月饼 yuèbǐng 월병. 중추절에 먹는 전통음식으로, 둥근모양이나 정사각형 모양으로 만든다.

 **Step 4 : 이렇게 저렇게 말해보기** Track 18

1. 刚过完 { 春节, / 劳动节, / 圣诞节, } 又到 { 元宵节 / 端午节 / 春节 } 了。

2. { 天气 / 风 / 东西 } 越来越 { 冷。 / 大。 / 贵。 }

3. { 我 / 他 / 你 } 越 { 学 / 跑 / 说 } 越 { 喜欢。 / 快。 / 好。 }

4. { 这件事 / 这个电影 / 什么时候出发 } 恐怕 { 他也不知道。 / 她也没看。 / 要看天气情况。 }

5. { 我 / 妹妹 / 弟弟 } 从 { 市里 / 远处 / 山下 } { 走回来。 / 跑过来。 / 爬上来。 }

6. { 信 / 书 / 作业 } 已经 { 寄出去 / 买回来 / 交上去 } 了。

➕ 东西 dōngxi 물건 / 情况 qíngkuàng 상황 / 市里 shìli 시내 / 远处 yuǎnchù 먼 곳

 **Step 5 : 중국어 실력 쑥쑥 키우기** Track 19

1 녹음을 듣고, 각 녹음 내용과 일치하는 그림을 찾으시오.

(1) _____ (2) _____ (3) _____ (4) _____

ⓐ    ⓑ

ⓒ    ⓓ

2 다음은 중국인과 한국인의 대화입니다. 자유롭게 대화를 완성하시오.

A : 你这是去哪儿？

B : _____，我去超市买元宵。

A : 你们怎么过元宵节？

B : _____。

　　你们国家都有什么节日？

A : _____。

B : 韩国人怎么过春节？

A : _____。

3 다음 그림을 보고 '快要……了' 혹은 '就要……了'를 이용하여 문장을 완성하시오.

(1) 毕业

我_____。

(2) 上学

他明年三月_____。

(3) 关门

银行_____。

(4) 冬天

_____, 得多穿点儿衣服。

4 다음 중에서 적당한 방향보어를 골라 문장을 완성하시오.(괄호 안의 제시어를 이용할 것)

[보기] 起来   过来   下去   下来   回来

(1) 火车快要开了, 你快_____吧!（跑）
(2) 老师进来了, 学生们都_____了。（站）
(3) 他从楼上_____了。（走）
(4) 快十二月了, 天气渐渐地_____了。（冷）
(5) 这菜_____还可以, _____真难吃。（看/吃）
(6) 我去百货商店_____一些礼物了。（买）

➕ 百货商店 bǎihuòshāngdiàn 백화점

5 다음은 방향보어가 확대적 의미로 쓰인 경우입니다. 적당한 방향보어를 이용하여 문장을 완성하시오.

(1) _____, 他是我小学时的同学。(想)
(2) 虽然汉语很难学，但 _____。(学)
(3) _____, 他今天的心情不太好。(看)
(4) 他很聪明，刚学的生词 _____ 了。(记)
(5) 休息了两天，他的身体 _____ 了。(恢复)

6 다음 그림을 보고 '越来越……' 혹은 '越……越……'를 이용하여 문장을 완성하시오.

(1) 雨_____，不能出去玩儿了。

(2) 他的汉字_____。

(3) 他_____，得了第一名。

(4) 这个电影_____。

7 한국에서는 설(春节), 추석(中秋节) 크리스마스(圣诞节) 등을 어떻게 보내는지 중국어로 말해 보시오.

小学 xiǎoxué 초등학교 / 心情 xīnqíng 마음, 기분 / 恢复 huīfù 회복하다

중국문화 읽기

유가(儒家) 학파의 창시자 - 공자(孔子)

춘추 말기인 기원전 551년 노(魯) 나라에서 태어난 공자는 이름이 구(丘)이고 자가 중니(仲尼)이다.

중국 역사상 가장 위대한 사상가로 추앙받는 공자는 '인(仁)'의 학설을 제창하였으며, 통치자는 '덕(德)'으로서 나라를 다스려야 한다고 주장하였다.

그는 위대한 사상가이자 교육자였는데, 당시 그의 가르침을 받은 제자수만 3000명에 달했다고 한다. 공자는 제자를 받아들임에 있어 신분의 귀천을 따지지 않았으며(有教无类), 사람을 가르칠 때에는 각각의 능력이나 재주에 맞게 차별화를 두어야 한다고 하여(因材施教) 학생마다 다른 교육방법을 시도하였다.

후에 공자의 제자들이 그의 사상과 언행을 기록하여 엮어낸 『논어(论语)』는 유가 경전의 최고로 꼽히고 있으며, 또한 공자의 손을 거쳐 정리·편찬된 육경, 즉 『시경(诗经)』, 『역경(易经)』, 『예경(礼经)』, 『악경(乐经)』, 『상서(尚书)』, 『춘추(春秋)』는 중국 철학사의 발전에 크게 이바지하였다.

공자의 상 유가학파의 창시자인 공자는 '인'을 최고의 덕목으로 삼았으며, 이를 실천하는 방법으로 '예(礼)'를 제시하였다.

공자 탄생 2554주년을 기념하여, 산둥성(山东省) 취푸(曲阜)에 위치한 공자묘(孔庙)에서 거행되었던 기념의식의 한 장면. 한국을 포함, 전 세계에서 온 수많은 인사가 이 행사에 참가하였다.

庆 慶·qìng	丶 广 广 户 庆
	庆 庆 庆

传 傳·chuán	亻 仁 传 传
	传 传 传

统 統·tǒng	纟 纟 纩 统 统
	统 统 统

轻 輕·qīng	一 七 七 车 轻 轻
	轻 轻 轻

饼 餅·bǐng	丿 饣 饣 饣 饼
	饼 饼 饼

团 團·tuán	丨 冂 冂 用 团 团
	团 团 团

圆 圆·yuán	冂 冋 冋 圆 圆
	圆 圆 圆

赏 赏·shǎng	丨 ⺌ 当 肖 肖 赏
	赏 赏 赏

联 聯·lián	一 丆 г ₣ 耳 肸 䏈 联
	联 联 联

财 財·cái	冂 贝 贝 财 财
	财 财 财

闹 鬧·nào	丶 亠 门 门 闹 闹
	闹 闹 闹

压 壓·yā	一 厂 厃 庎 压 压
	压 压 压

3 上学与找工作

진학과 취업에 대하여

이 과의 학습포인트
1. 가능보어
2. 동작의 동시진행을 나타내는 '一边……一边……'

Key Expressions Track 20

凭你的成绩，肯定考得上。 당신의 성적으로 보면, 반드시 합격할 수 있을 겁니다.
我打算一边学习，一边打工。 저는 공부와 일을 동시에 할 계획입니다.
说起来容易，做起来难。 말하기는 쉽지만 하기는 어렵습니다.

 **Step 1 : 기본회화 익히기** Track 21~26

[회화1]
马丽丽: 你打算报考哪所大学?
Nǐ dǎsuan bàokǎo nǎ suǒ dàxué?

小 张: 中央政法大学，我想当律师。
Zhōngyāng Zhèngfǎ Dàxué, wǒ xiǎng dāng lǜshī.

马丽丽: 那是名牌大学，法律专业很有名。
Nà shì míngpái dàxué, fǎlǜ zhuānyè hěn yǒumíng.

小 张: 老师，您看我考得上吗?
Lǎoshī, nín kàn wǒ kǎo de shàng ma?

马丽丽: 凭你的成绩，肯定考得上。
Píng nǐ de chéngjì, kěndìng kǎo de shàng.

小 张: 要是考不上，我的理想就实现不了了。
Yàoshi kǎo bu shàng, wǒ de lǐxiǎng jiù shíxiàn bu liǎo le.

马丽丽: 所以要加倍努力呀!
Suǒyǐ yào jiābèi nǔlì ya!

[단어]
报考 bàokǎo 동 응시하다
中央政法大学 Zhōngyāng Zhèngfǎ Dàxué 고유 중앙정치법률대학교
律师 lǜshī 명 변호사 名牌 míngpái 명 유명한 상표 혹은 이름
法律 fǎlǜ 명 법률 专业 zhuānyè 명 전공
有名 yǒumíng 형 유명하다 凭 píng 개 ~에 근거하면, ~에 따르면
成绩 chéngjì 명 성적 肯定 kěndìng 부 반드시
要是 yàoshi 부 만약 ~라면 理想 lǐxiǎng 명/형 이상; 이상적이다
实现 shíxiàn 동 실현하다, 달성하다 加倍 jiābèi 부 더더욱, 갑절로

TIGAO SHUIPING

- 凭你的成绩，肯定考得上。

개사 '凭'은 '~에 근거하면, ~에 따르면'의 의미로, 뒤에는 일반적으로 조건이나 자격 등을 나타내는 명사나 명사구가 온다.

[회화2] 李英爱：一连几天开夜车，身体受得了吗？
Yìlián jǐ tiān kāi yèchē, shēntǐ shòu de liǎo ma?

王　明：没办法，就要考试了，不开夜车复习不完。
Méi bànfǎ, jiùyào kǎoshì le, bù kāi yèchē fùxí bù wán.

李英爱：我倒是复习完了，可是记不住，特别是英语单词。
Wǒ dàoshì fùxí wán le, kěshì jì bu zhù, tèbié shì yīngyǔ dāncí.

王　明：我觉得背单词最好是一边写一边记。
Wǒ juéde bèi dāncí zuìhǎo shì yìbiān xiě yìbiān jì.

李英爱：可是我习惯一边听音乐一边学习。
Kěshì wǒ xíguàn yìbiān tīng yīnyuè yìbiān xuéxí.

王　明：一心二用，这样怎么能记得住呢？
Yì xīn èr yòng, zhèyàng zěnme néng jì de zhù ne?

[단어]　一连　yìlián　🈯 연이어
　　　　开夜车　kāi yèchē　밤을 새다
　　　　受　shòu　🈯 참다, 견디다
　　　　办法　bànfǎ　🈯 방법
　　　　复习　fùxí　🈯🈯 복습; 복습하다
　　　　倒(是)　dào(shì)　🈯 오히려, 도리어(어기를 부드럽거나 약하게 하는 작용을 한다)
　　　　特别　tèbié　🈯 특히
　　　　单词　dāncí　🈯 단어, 어휘
　　　　背　bèi　🈯 암기하다
　　　　最好　zuìhǎo　🈯 가장 바람직한 것은, 제일 좋기는
　　　　记　jì　🈯 쓰다, 기록하다
　　　　一心二用　yì xīn èr yòng　동시에 두 가지에 마음을 쓰다

[회화3] 吴大锡: 现在很多大学毕业生都找不到工作。
Xiànzài hěn duō dàxué bìyèshēng dōu zhǎo bu dào gōngzuò.

张 兰: 所以我想到国外留学，深造深造。
Suǒyǐ wǒ xiǎng dào guówài liúxué, shēnzào shēnzào.

吴大锡: 留学费用很高，你家供得起供不起？
Liúxué fèiyòng hěn gāo, nǐ jiā gōng de qǐ gōng bu qǐ?

张 兰: 我打算一边学习一边打工。
Wǒ dǎsuan yìbiān xuéxí yìbiān dǎgōng.

吴大锡: 就怕你吃不了苦。
Jiù pà nǐ chī bu liǎo kǔ.

张 兰: 别人吃得了我也吃得了。
Biéren chī de liǎo wǒ yě chī de liǎo.

吴大锡: 说起来容易做起来难啊。
Shuō qǐlái róngyì zuò qǐlái nán a.

[단어]
毕业 bìyè 명동 졸업; 졸업하다
留学 liúxué 동 유학하다
费用 fèiyòng 명 비용
打工 dǎgōng 동 일하다, 노동하다
吃苦 chīkǔ 형 고생하다

国外 guówài 명 외국, 국외
深造 shēnzào 동 깊이 연구하다
供 gōng 동 공급하다, 제공하다
怕 pà 동 걱정하다, 무서워하다
做 zuò 동 하다

TIGAO SHUIPING

■ 说起来容易做起来难啊。

여기에서 방향보어 '起来'는 동사가 나타내는 어떤 방면에서의 예측이나 평가를 나타낸다.
① 这个菜看起来很好吃。
② 这种电子词典用起来很方便。

Step 2 : 어법 포인트 콕콕 찍어주기

1 가능보어

어떤 동작이 실현될 수 있는지의 여부를 나타내는 보어를 가능보어라 한다. 형식은 '동사 + 得/ 不+결과보어/방향보어'이며, 정반의문문은 가능보어의 긍정형과 부정형을 병렬시켜 만든다.

긍정형	부정형	정반의문문
我一天看得完这本书。	我一天看不完这本书。	你一天看得完看不完这本书？
我找得到他。	我找不到他。	你找得到找不到他？
中午我睡得着。	中午我睡不着。	中午你睡得着睡不着？
两点以前我们回得来。	两点以前我们回不来。	你们两点以前回得来回不来？

'了'가 가능보어에 쓰이면 동사가 나타내는 행위가 실현될 수 있는지의 여부를 나타내게 된다. 이때 '了'는 [liǎo]로 읽힌다.

① 这么多的菜你吃得了吗？ ② 现在外面雨太大，走不了。

'起'가 가능보어에 쓰이면 경제적으로 부담할 능력이 있는지의 여부를 나타내게 된다.

① 这家宾馆的房间很贵，你住得起住不起？
② 现在我还买不起这么大的房子。

2 동작의 동시진행을 나타내는 '一边……一边……'

'一边……一边……'은 구체적인 동작을 나타내는 동사를 연결하여, 두 개의 동작이 동시에 진행됨을 나타낸다.

① 英爱一边弹钢琴一边唱歌。 ② 姐姐一边工作一边学习。

➕ 宾馆 bīnguǎn 호텔 / 房子 fángzi 집

 **Step 3 : 이렇게 저렇게 말해보기** Track 27

1 凭 你的成绩, 肯定 考得上大学。
       你的能力,   找得到好工作。
       这些有利条件,   办得好这件事。

2 一连 好几天   都 下雨。
         三个问题   没答出来。
         几件事   不顺利。

3 恐怕你 吃不了苦。
           睡不着觉。
           干不好工作。

4 要是 复习不完, 就 考不好了。
         起不来,   赶不上飞机了。
         住不起,   换一家宾馆了。

5 只要 努力,   就 学得好汉语。
         认真准备,   考得上大学。
         有决心,   实现得了理想。

➕ 能力 nénglì 능력 / 有利 yǒulì 유리하다 / 条件 tiáojiàn 조건 / 答 dá 대답하다, 답하다 / 顺利 shùnlì 순조롭다 / 赶上 gǎnshàng 따라잡다 / 认真 rènzhēn 진지하다 / 决心 juéxīn 결심(하다)

Step 4 : 중국어 실력 쑥쑥 키우기 Track 28

1 녹음을 듣고, 각 녹음 내용과 일치하는 그림을 찾으시오.

(1) _____ (2) _____ (3) _____ (4) _____

ⓐ    ⓑ

ⓒ    ⓓ

2 이 과에서 배운 표현을 이용하여 다음 대화를 완성하시오.

(1) A : 我要考北京大学。

　　B : _____。

　　A : 你看我能考上吗？

　　B : _____, 肯定考得上。

(2) A : 明天要考英语，今天晚上我得_____。

　　B : 身体_____吗？

　　A : 没办法，我记不住生词。

　　B : 你可以_____。

(3) A : 我想到国外深造。

　　B : 你家_____？

　　A : 我可以_____。

3 그림을 보고 가능보어를 이용하여 대화를 완성하시오.

[보기]

A : 这些菜你 <u>吃得了吃不了</u> ?
B : 太多了, <u>我吃不了</u> 。

(1)

A : 那些行李他_____?
B : 行李不多, _____。

(2)

A : 他说的话你_____?
B : _____。

(3)

A : 明天早上6点你_____?
B : 太早了, _____。

4 가능보어를 이용하여 다음 각 상황을 묘사하시오.

(1) 搬

(2) 查、字

(3) 复习

(4) 买

5 '一边……一边……'을 이용하여 다음 상황을 묘사하시오.

ⓐ 报纸、茶 ⓑ 歌、舞 ⓒ 电视、啤酒

(1) ⓐ _____
(2) ⓑ _____
(3) ⓒ _____

6 다음 각 제시어와 '一边……一边……'을 이용하여 작문을 하시오.

(1) 제시어 » 写毕业论文 / 找工作

_____

(2) 제시어 » 喝茶 / 聊天儿

_____

(3) 제시어 » 抽烟 / 想问题

_____

(4) 제시어 » 听音乐 / 收拾房间

_____

7 다음을 주제로 옆사람과 중국어로 대화하시오.

(1) 자신이 가고 싶어하는 대학, 혹은 희망하는 직업(직장)에 대해 대화를 나누시오.

(2) 시험 전날의 상황을 가정하여 대화를 나누시오.

중국 최초의 황제 – 진시황(秦始皇)

　춘추(春秋) 시기의 끊임 없는 전쟁으로 100여 개에 달하던 제후국의 수는 크게 감소하여 제(齐), 초(楚), 연(燕), 한(韩), 조(赵), 위(魏), 진(秦) 등 일곱 개의 강한 제후국이 남게 되었는데, 이들을 전국칠웅(战国七雄)이라 부른다.

　기원전 259년 진나라의 군주가 된 영정(嬴政)은 대규모의 전쟁을 일으켜 나머지 나라들을 모두 제압하고, 기원전 221년 최초로 중국을 통일하게 된다. 그는 스스로를 '시황제(始皇帝)'라 칭하고, 영토 안정을 위한 다양한 정책을 취한다.

　우선 중앙의 관직을 개편하고 지방에는 군현제를 실시하였는데, 모든 중앙의 관직과 지방의 군수, 현령 등은 황제가 직접 임명, 해임하여 강력한 중앙집권국가를 이루었다. 또한 도량형과 화폐를 통일하여 경제교류를 활발하게 하였으며, 소전체(小篆体)를 중심으로 문자를 통일하여 문화교류를 촉진시켰다. 또한 흉노족(匈奴族)을 격파하고 북쪽에 장성(长城)을 쌓아 변경을 안정시켰으며, 남쪽으로는 월족(越族)을 귀순시켜 영토를 넓혀나갔다.

　이처럼 다양한 업적을 이루었지만, 포악한 정치로 중국사에 악영향을 미치기도 했다. 예를 들어 자신의 독재를 위해 강력한 사상통제 정책을 취했는데, 백성들이 옛 서적을 읽고 이를 바탕으로 황제의 독재에 대해 비판하자 모든 역사서와 제자서(诸子书)들을 불태워버렸다. 또한 이에 대항하는 유학자들을 모두 잡아들여 생매장을 시켰는데 그 수가 460여 명에 달했다고 한다. 역사에서는 이 사건을 가리켜 '분서갱유(焚书坑儒)'라 일컫는다.

병마용(兵马俑) 1974년부터 중국 시안(西安)에서 발굴되기 시작한 진시황릉의 지하군대. 현재까지 4개의 병마용갱이 발굴되었는데, 거기에는 실제 크기와 같은 군인, 말, 기병, 전차, 무기 등의 도용이 묻혀 있었다. 1987년 유네스코 세계문화유산으로 지정되었다.

字	笔顺
专 專·zhuān	一 二 专 专
凭 憑·píng	ノ 亻 亻 仁 任 任 凭
绩 績·jì	ㄥ ㄥ ㄠ ㄠ ㄠ 纟 纟 纟 纟 绩 绩
连 連·lián	一 ナ 左 车 车 连
复 復,複·fù	ノ 一 广 户 白 复 复
背 背·bèi	一 コ ヨ 非 非 背 背

写	丶 冖 冖 写 写					
寫·xiě	写	写	写			

吴	丨 口 口 日 旦 吴 吴					
吳·wú	吴	吴	吴			

锡	丿 𠂉 𠂉 钅 钅 钅 钅 钖 锡 锡					
錫·xī	锡	锡	锡			

毕	一 匕 比 比 毕 毕					
畢·bì	毕	毕	毕			

深	丶 丶 氵 氵 沪 泙 泙 深 深 深					
深·shēn	深	深	深			

造	丿 𠂉 𠂉 告 告 告 告 造 造					
造·zào	造	造	造			

4 日常生活
일상생활

이 과의 학습포인트
1. 피동문
2. '被'자문
3. 반문문(反问句)

Key Expressions Track 29

昨天的球踢得怎么样?　어제 축구는 잘 했습니까?
你自己不是有相机吗?　당신도 카메라를 갖고 있지 않나요?
真是倒霉透了, 钱包被小偷偷去了。　정말 운 나쁘게도 지갑을 좀도둑에게 도둑맞았습니다.
钱、身份证、信用卡什么的。　돈, 신분증, 신용카드 등이 있었습니다.

Step 1 : 기본회화 익히기 Track 30~35

[회화1]　李英爱： 昨天的球踢得怎么样？
　　　　　　　　Zuótiān de qiú tī de zěnmeyàng?

　　　　　王　明： 甭提了，0比0，踢得真臭。
　　　　　　　　　Béng tí le, líng bǐ líng, tī de zhēn chòu.

　　　　　李英爱： 怎么回事？
　　　　　　　　　Zěnme huí shì?

　　　　　王　明： 好几个进球的机会都没抓住。
　　　　　　　　　Hǎo jǐ ge jìnqiú de jīhuì dōu méi zhuāzhù.

　　　　　李英爱： 你喜欢的5号表现怎么样？
　　　　　　　　　Nǐ xǐhuan de wǔ hào biǎoxiàn zěnmeyàng?

　　　　　王　明： 一提起他我更生气，上场没多久就被裁判红牌罚
　　　　　　　　　Yì tíqǐ tā wǒ gèng shēngqì, shàngchǎng méi duō jiǔ jiù bèi cáipàn hóngpái fá
　　　　　　　　下场了。
　　　　　　　　　xiàchǎng le.

　　　　　李英爱： 他的个人技术不是挺好的吗？
　　　　　　　　　Tā de gèrén jìshù búshì tǐng hǎo de ma?

　　　　　王　明： 好有什么用？裁判吹黑哨。
　　　　　　　　　Hǎo yǒu shénme yòng? Cáipàn chuī hēishào.

[단어]　甭　béng　囲　~할 필요가 없다　　　　提　tí　동　언급하다
　　　　臭　chòu　형　구리다, 역겹다, 추악하다　抓住　zhuāzhù　동　잡다
　　　　表现　biǎoxiàn　명동　표현(하다), 행동(하다)　场　chǎng　명　무대, 경기장
　　　　被　bèi　개　~에 의해서　　　　　　　裁判　cáipàn　명동　심판(하다)
　　　　红牌　hóngpái　명　레드카드　　　　　　罚　fá　동　벌하다
　　　　技术　jìshù　명　기술, 재량　　　　　　吹黑哨　chuī hēishào　편파적인 판정을 내리다

TIGAO SHUIPING

■ 甭提了，踢得真臭。

'甭提了'는 '말도 말아라'라는 의미로, 어떤 일이나 사람에 대한 굉장히 불만족스러운 감정을 나타낸다. 감탄의 어기가 있으며, '别提了'라고 하기도 한다.

[회화2] 张 兰：在旭，你的相机借我用一下儿。
　　　　　　Zàixù, nǐ de xiàngjī jiè wǒ yòng yíxiàr.

　　　　金在旭：你自己不是有相机吗？
　　　　　　Nǐ zìjǐ búshì yǒu xiàngjī ma?

　　　　张 兰：我的相机叫我不小心摔坏了，还没来得及去修。
　　　　　　Wǒ de xiàngjī jiào wǒ bù xiǎoxīn shuāihuài le, hái méi lái de jí qù xiū.

　　　　金在旭：真不巧，我的让别人借走了。
　　　　　　Zhēn bù qiǎo, wǒ de ràng biéren jièzǒu le.

　　　　张 兰：对了，丽丽不是新买了个数码相机吗？
　　　　　　Duì le, Lìlì búshì xīn mǎi le ge shùmǎ xiàngjī ma?

　　　　金在旭：丽丽她们宿舍上星期被盗，她的相机也被偷走了。
　　　　　　Lìlì tāmen sùshè shàng xīngqī bèidào, tā de xiàngjī yě bèi tōuzǒu le.

　　　　张 兰：谢谢你，我再想别的办法。
　　　　　　Xièxie nǐ, wǒ zài xiǎng biéde bànfǎ.

[단어]　相机　xiàngjī　명 사진기　　　　　　叫　jiào　개 ~에 의해서
　　　　小心　xiǎoxīn　동형 조심하다; 조심스럽다
　　　　摔　shuāi　동 넘어지다, 떨어지다, 떨어뜨려 부수다
　　　　坏　huài　동형 망가지다, 고장나다; 나쁘다　　来得及　lái de jí　늦지 않다
　　　　修　xiū　동 고치다　　　　　　　　　　　让　ràng　개 ~에 의해서
　　　　别人　biéren　대 다른 사람　　　　　　　新　xīn　부형 새로이, 갓, 금방; 새롭다
　　　　数码　shùmǎ　명형 디지털형(의)　　　　　盗　dào　명동 도둑, 강도; 훔치다
　　　　偷　tōu　동 훔치다, 도둑질하다

TIGAO SHUIPING

■ **还没来得及去修理。**

'来得及'는 어떤 일을 하기에 충분한 시간이 있음을 나타낸다. 반대의 뜻을 나타내고자 할 때에는 '来不及'를 쓴다.
① A: 现在走来得及来不及？ / B: 来得及。

[회화3] 王　明：怎么了？无精打采的。
　　　　　　　Zěnme le? Wú jīng dǎ cǎi de.

尹惠林：真是倒霉透了，钱包被小偷偷去了。
　　　　Zhēnshi dǎoméi tòu le, qiánbāo bèi xiǎotōu tōuqù le.

王　明：钱包里都有什么？
　　　　Qiánbāo li dōu yǒu shénme?

尹惠林：钱、身份证、信用卡什么的。
　　　　Qián、shēnfènzhèng、xìnyòngkǎ shénmede.

王　明：信用卡挂失了吗？
　　　　Xìnyòngkǎ guàshī le ma?

尹惠林：挂什么失？我还没来得及挂失，钱就被人取走
　　　　Guà shénme shī? Wǒ hái méi lái de jí guàshī, qián jiù bèi rén qǔzǒu
　　　　了。一定是密码被盗了。
　　　　le. Yídìng shì mìmǎ bèi dào le.

王　明：怎么会呢？
　　　　Zěnme huì ne?

[단어]　无精打采　wú jīng dǎ cǎi　기운이 하나도 없다　　倒霉　dǎoméi　혱 운이 없다, 재수가 없다
　　　　透　tòu　혱 충분하다, 대단하다　　　　　　　　　钱包　qiánbāo　명 지갑
　　　　小偷　xiǎotōu　명 좀도둑　　　　　　　　　　　　身份证　shēnfènzhèng　명 신분증
　　　　信用卡　xìnyòngkǎ　명 신용카드　　　　　　　　　挂失　guàshī　동 분실신고를 하다
　　　　取　qǔ　동 가지다, 찾다　　　　　　　　　　　　　密码　mìmǎ　명 비밀번호

TIGAO SHUIPING

■ 真是倒霉透了。

'透了'는 형용사 뒤에 보어로 쓰여 정도가 매우 심함을 나타낸다. 일반적으로 '透了'와 결합하는 형용사는 부정적, 혹은 소극적 의미를 갖는다.
① 这个菜难吃透了。　　　　　　　　② 那个人坏透了。

Step 2 : 어법 포인트 콕콕 찍어주기

1 피동문

중국어에서 문장의 주어는 동작의 주체가 될 수도 있고 객체가 될 수도 있다. 전자를 능동문(主动句)이라 하고 후자를 피동문(被动句)이라 한다. 동작을 받는 대상을 강조하거나 설명하고자 할 때 피동문을 쓸 수 있으며, 피동문의 형식은 '동작의 객체+동사+기타성분'이다.

① 衣服洗干净了。
② 作业做完了。
③ 汽车修好了。

2 '被'자문

중국어 피동문의 대표적인 형식은 '被', '叫', '让'을 이용하여 피동의 의미를 나타내는 것이다. 이중 '被'자문은 주로 유쾌하지 않은 일을 당했을 경우에 쓰인다.

① 孩子被爸爸批评了几句
② 房间叫妈妈收拾干净了
③ 词典让人偷走了

주의1
부정부사 '没'나 '不'는 늘 개사 '被' 앞에 놓인다.

① 酒没被他喝光。　　　　② 房子没被台风刮倒。

주의2
'被'를 이용한 피동문의 경우 동작의 주체를 나타내는 '被'자 뒤의 명사성 성분은 일반적으로 생략할 수 있다. 하지만 '让'이나 '叫'가 피동을 나타낼 경우에는 뒤의 명사성 성분을 생략할 수 없다.

① 门被打开了。　　　　② 手机被摔坏了。

3 반문문(反问句)

다른 사람의 의견에 반박함을 나타내거나, 혹은 어떤 정보에 대해 동의나 만족을 할 수 없음을 나타낼 때 쓰이는 문장을 '반문문'이라 한다. 반문문은 주로 관계가 비교적 친밀한 사람과 대화할 때 쓴다. 거의 대부분의 의문문에 반문의 어기를 더해주면 대화 중에서 반문문을 만들 수 있는데, 특히 '谁', '什么', '哪儿', '怎么' 등의 의문대사로 이루어진 반문문이 많이 쓰인다. 반문문의 형식이 긍정문일 경우 실제로는 부정적인 의미를 나타내며, 반대로 형식이 부정문이면 실제로는 긍정적인 의미를 나타낸다.

형식 1
……谁……

① A : 你是不是想家？
　 B : 谁想家啊？（의미: 我不想家。）
② A : 你知道我喜欢打网球吗？
　 B : 谁不知道？（의미: 我知道。）

형식 2
형/동+什么

① A : 你汉语说得真不错。
　 B : 不错什么？（의미: 我说得不好。）
② A : 这件事你不是知道吗？
　 B : 知道什么？（의미: 我不知道。）

형식 3
……哪儿……

① A : 他去哪儿了？
　 B : 我哪儿知道？（의미: 我不知道。）
② A : 这件事我不想告诉妈妈。
　 B : 这么重要的事，哪儿能不告诉？
　　 （의미: 你要告诉妈妈。）

형식 4
……怎么……

① A : 你认识他吗？
　 B : 我怎么会认识他？（의미: 我不认识他。）
② A : 明天的比赛你参加吗？
　 B : 那么重要的比赛，我怎么能不参加呢？
　　 （의미: 我参加。）

형식 5
不是……吗

① A : 你们不是好朋友吗？（의미: 你们是好朋友。）
　 B : 早不是了。
② A : 你不是不学日语了吗？（의미: 你不学日语了。）
　 B : 现在又开始学了。

Step 3 : 주요 표현 & 어휘 따라잡기   Track 36

■ 격려·권고 등을 할 때 관용적으로 쓰는 표현

(1) 좋지 않은 일을 당했을 때 쓰는 표현
　　① 真是倒霉透了。 Zhēnshi dǎoméi tòu le.　　② 真糟糕！ Zhēn zāogāo!

(2) 위로할 때 쓰는 표현
　　① 돈을 잃어버렸을 때
　　　　破财免灾。 Pò cái miǎn zāi.

　　② 사고로 부상을 당했을 때
　　　　大难不死，必有后福。
　　　　Dà nán bù sǐ, bì yǒu hòu fú.

(3) 일이나 학습 면에서 실패한 사람에게 쓰는 표현
　　失败是成功之母。 Shībài shì chénggōng zhī mǔ.

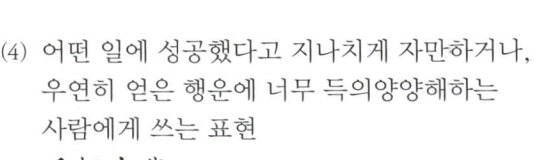

(4) 어떤 일에 성공했다고 지나치게 자만하거나,
　　우연히 얻은 행운에 너무 득의양양해하는
　　사람에게 쓰는 표현
　　乐极生悲。 Lè jí shēng bēi

 **Step 4 : 이렇게 저렇게 말해보기** Track 37

1 A 怎么了？

   B 眼镜/杯子/碗 摔/打 破了。

2 我的 钱包/自行车/铅笔/字典 被叫 人 偷走/借去 了。

3 真不巧， 我的词典被人借走了。/外面下起了大雪。/他今天没来学校。

4 A 你不是 已经结婚了/告诉他了/知道这件事 吗？

   B 谁/哪儿 结婚/告诉/知道 了？

5 A 来得及来不及 吃早饭？/告诉他？/想这个问题？

   B 来 得/不 及。

 **Step 5 :** 중국어 실력 쑥쑥 키우기　Track 38

1 녹음을 듣고, 각 녹음 내용과 일치하는 그림을 찾으시오.

(1) _____　(2) _____　(3) _____　(4) _____

ⓐ 　　ⓑ

ⓒ 　　ⓓ

2 이 과에서 배운 표현을 이용하여 다음 대화를 완성하시오.

(1) A : 昨天的比赛怎么样？

　　B : _____，踢得真臭。

　　A : _____？

　　B : 好几个进球的机会都没抓住。

(2) A : 怎么了，无精打彩的。

　　B : _____，_____。

　　A : 钱包里都有什么？

　　B : 钱、身份证、信用卡_____。

　　A : 甭上火，身体气坏了划不来。

　　B : 谁说不是？_____。

3 주어진 어휘를 재배열하여 피동문을 만드시오.

> [보기] 饭 好 做 了 → ____饭做好了。____

(1) 漂亮 真 照片 得 照 → _____
(2) 三天 了 寄 已经 出去 信 → _____
(3) 修 好 电脑 的 了 家 我 已经 → _____
(4) 昨天 准备 了 礼物 生日 就 → _____

4 '被'자문을 이용하여 다음 상황을 묘사하시오.

(1)
洗

(2) 污染

(3) 翻译

(4) 湿

5 다음 문장이 문법적으로 옳은지 판단하고, 틀린 문장을 옳게 고쳐 보시오.

(1) 那本书被我朋友借。( ) → _____
(2) 电脑被他修一下儿。( ) → _____
(3) 6号被换下场。( ) → _____
(4) 书包被别人没拿走。( ) → _____
(5) 钱叫花完了。( ) → _____

✚ 污染 wūrǎn 오염시키다, 오염되다 / 湿 shī 젖다

6 다음 그림을 보고, '谁', '哪儿', '怎么', '不是……吗' 등을 이용한 반문문으로 대화를 완성하시오.

(1)

A : 听说在旭病了。

B : _____。

(2)

A : 这件大衣不贵吧？

B : _____。

(3)

A : 你参加明天的比赛吗？

B : _____。

(4)

A : 我要去买衣服。

B : _____。

(5)

A : 干杯！

B : _____。

(6)

A : 小张去哪儿了？

B : _____。

7 다음을 중국어로 말해 보시오.

(1) 자신이 겪었던 가장 기분 나빴던 일에 대해 말해 보시오.

(2) 기억에 남는 축구경기에 대해 옆사람과 대화를 나누시오.

중국문화 읽기

위대한 중국의 여황제-무측천(武则天)

무측천(武则天) 상

　중국사에서 뛰어난 정치가로 꼽히는 무측천(624-705)은 어려서부터 총명함과 과단성을 갖추고 있었으며 문사(文史)에 남달리 뛰어났다고 전해진다. 외모 또한 뛰어나 14세에 당 태종에 의해 황궁으로 불려들어가 재인(才人)이 되었는데, 태종이 죽은 후 그녀는 사원으로 보내져 비구니가 된다.

　하지만 태종의 아들인 고종이 그녀를 마음에 두고 있다가 황제가 된 후 사원에서 빼냈으며, 후에 당시의 황후를 폐위시키고 무측천을 황후로 세우게 된다.

　그후 무측천은 자신을 반대했던 조정 대신들을 하나하나 제거해 나가며 고종을 도와 조정 일에 참여했다. 건강이 좋지 않았던 고종은 그녀를 절대적으로 신뢰하여 조정 대사를 그녀가 대신 처리하도록 했으며, 그렇게 하여 무측천의 권력은 계속 커져갔다.

　683년 고종이 죽은 후, 무측천은 태후의 신분으로 조정 일을 다스렸으며, 690년 정식으로 황제 지위에 오르게 된다. 무측천은 과도한 불교 숭배나 대대적인 사원 건축 등 백성들의 원성을 사는 일도 하였지만, 당 태종의 정책들을 계승하고 능력 있는 인재의 등용에 힘써 중국의 경제와 정치를 발전시켰다.

　당시의 유명한 시인이었던 낙빈왕(骆宾王)이 무측천을 비판하는 시를 썼을 때, 그녀는 오히려 그 문장의 뛰어남을 칭찬했다는 일화도 전해진다.

　무측천은 죽기 전 주위 신하들의 압력으로 자신의 아들에게 황제 자리를 물려주었다. 무측천은 죽은 후 고종과 묻혔는데, 자신의 공적이나 과실은 후대 사람들이 평가할 것이라며 묘비에 글을 적지 말 것을 유언으로 남겼다고 한다. 현재 건릉 앞에 세워진 비석에는 실제로 글이 새겨있지 않아 '당무자비(唐无字碑)'라 칭해지고 있다.

당무자비(唐无字碑)

字	笔顺					
甭 béng	一丆丆丆丕丕甭甭甭					
	甭	甭	甭			
红 hóng	乙乡乡红红红					
	红	红	红			
罚 fá	丨冂罒罒罒罚罚罚					
	罚	罚	罚			
术 shù	一十才木术					
	术	术	术			
坏 huài	一十土圹坏坏坏					
	坏	坏	坏			
数 shù	丶丷丷半米米娄娄娄数数					
	数	数	数			

码 码玛·mǎ	一厂ア石石石石码码
	码 码 码

盗 盗·dào	丶丷次次次咨盗盗
	盗 盗 盗

无 無·wú	一二于无
	无 无 无

透 透·tòu	一二千千禾秀秀透透
	透 透 透

证 證·zhèng	丶讠订订证证证
	证 证 证

挂 掛·guà	一十扌扩扩挂挂挂
	挂 挂 挂

5 家居环境

주거환경에 대하여

이 과의 학습포인트
1. 동작이나 상태의 지속
2. 구조조사 '地'

Key Expressions Track 39

沙发对面放着一台电视。 소파 맞은편에는 텔레비전 한 대가 놓여 있습니다.
大家开心地说着笑着, 有意思极了。 모두들 즐겁게 웃고 얘기하는데, 정말 재미있습니다.
外婆都会带着我去山上玩儿。 외할머니는 늘 나를 데리고 산으로 놀러 가십니다.

 **Step 1 : 기본회화 익히기** Track 40~45

[회화1]　张　兰： 你去过小李的新家没有？
　　　　　　　　Nǐ qù guo Xiǎo Lǐ de xīn jiā méiyǒu?

　　　　金在旭： 上星期去了。
　　　　　　　　Shàng xīngqī qù le.

　　　　张　兰： 房子大不大？
　　　　　　　　Fángzi dà bu dà?

　　　　金在旭： 三室两厅，大概有一百二十平米。
　　　　　　　　Sān shì liǎng tīng, dàgài yǒu yìbǎi èrshí píngmǐ.

　　　　张　兰： 布置得怎么样？
　　　　　　　　Bùzhì de zěnmeyàng?

　　　　金在旭： 很雅致。尤其是客厅，铺着块地毯，摆着一套沙发，沙发对面放着一台电视，墙上还挂着一幅中国画。
　　　　　　　　Hěn yǎzhì. Yóuqí shì kètīng, pū zhe kuài dìtǎn, bǎi zhe yí tào shāfā, shāfā duìmiàn fàng zhe yì tái diànshì, qiáng shang hái guà zhe yì fú zhōngguóhuà.

　　　　张　兰： 听起来真不错。
　　　　　　　　Tīng qǐlái zhēn búcuò.

[단어]
房子　fángzi　명 집
厅　tīng　명 홀
平米　píngmǐ　양 평방미터
雅致　yǎzhì　형 운치가 있다, 우아하다
客厅　kètīng　명 거실, 응접실
着　zhe　조 (상태의 지속을 나타내는 어기조사)
摆　bǎi　동 놓다, 진열하다
沙发　shāfā　명 소파
台　tái　양 대(기계, 차량 등을 세는 양사)
挂　guà　동 (못이나 고리 등에) 걸다

室　shì　명 방
大概　dàgài　부 대략, 대개
布置　bùzhì　동 배치하다, 장식하다
尤其　yóuqí　부 특히
铺　pū　동 깔다
地毯　dìtǎn　명 양탄자
套　tào　양 세트
对面　duìmiàn　명 맞은편
墙　qiáng　명 벽

[회화2]

李英爱：昨天参加完婚礼，你去哪儿了？
Zuótiān cānjiā wán hūnlǐ, nǐ qù nǎr le?

王　明：我去参观他们的新房了。
Wǒ qù cānguān tāmen de xīnfáng le.

李英爱：新房？什么是新房？
Xīnfáng? Shénme shì xīnfáng?

王　明：门上贴着喜联，窗上贴着红双"喜"字。
Mén shang tiē zhe xǐlián, chuāng shang tiē zhe hóng shuāng "xǐ" zì.

李英爱：我还从来没参观过新房呢。
Wǒ hái cónglái méi cānguān guo xīnfáng ne.

王　明：客人们吃着喜糖，抽着喜烟，新郎新娘介绍着恋爱经过，大家开心地说着笑着，有意思极了。
Kèrénmen chī zhe xǐtáng, chōu zhe xǐyān, xīnláng xīnniáng jièshào zhe liàn-ài jīngguò, dàjiā kāixīn de shuō zhe xiào zhe, yǒu yìsi jí le.

李英爱：噢，这么热闹，真后悔没和你一起去。
Ō, zhème rènao, zhēn hòuhuǐ méi hé nǐ yìqǐ qù.

[단어]

婚礼	hūnlǐ 명 결혼식	参观	cānguān 동 참관하다
新房	xīnfáng 명 신방	喜联	xǐlián 명 결혼 축하 대련
窗	chuāng 명 창문	双	shuāng 양 쌍, 둘
客人	kèrén 명 손님	喜糖	xǐtáng 명 결혼 사탕
抽	chōu 동 (담배를) 피다	喜烟	xǐyān 명 결혼 담배
新郎	xīnláng 명 신랑	新娘	xīnniáng 명 신부
介绍	jièshào 동 설명하다, 소개하다	恋爱	liàn'ài 동 연애하다
经过	jīngguò 명 과정	开心	kāixīn 형 기분이 상쾌하다
……极了	…… jí le 부 매우, 몹시	后悔	hòuhuǐ 동 후회하다

[회화3]   我外婆家在农村，房子虽然已经很旧了，可是环境
　　　　　Wǒ wàipó jiā zài nóngcūn, fángzi suīrán yǐjing hěn jiù le, kěshì huánjìng

很优美。门前是一条小河，屋后种着一片果树，院子里
hěn yōuměi. Mén qián shì yì tiáo xiǎohé, wū hòu zhòng zhe yí piàn guǒshù, yuànzi li

养着几只鸡、鸭，还有一条大黑狗。每到暑假，我都去外
yǎng zhe jǐ zhī jī, yā, háiyǒu yì tiáo dà hēigǒu. Měi dào shǔjià, wǒ dōu qù wài-

婆家住些日子，外婆都会带着我去山上玩儿。
pó jiā zhù xiē rìzi, wàipó dōu huì dài zhe wǒ qù shān shang wánr.

[단어]　外婆　wàipó　몡 외할머니
　　　　农村　nóngcūn　몡 농촌
　　　　旧　jiù　혱 오래되다, 낡다
　　　　可是　kěshì　접 그러나
　　　　环境　huánjìng　몡 환경
　　　　优美　yōuměi　혱 우아하고 아름답다
　　　　条　tiáo　양 (가늘고 긴 것이나 동물, 의복 등을 세는 단위)
　　　　河　hé　몡 강
　　　　屋　wū　몡 방
　　　　种　zhòng　동 심다
　　　　片　piàn　양 (차지한 면적이나 범위를 세는 단위)
　　　　果树　guǒshù　몡 과수
　　　　院子　yuànzi　몡 마당
　　　　养　yǎng　동 기르다
　　　　只　zhī　양 마리(금수를 세는 단위)
　　　　鸡　jī　몡 닭
　　　　鸭　yā　몡 오리
　　　　黑狗　hēigǒu　몡 검둥개
　　　　每　měi　대 매, ~마다

Step 2 : 어법 포인트 콕콕 찍어주기

① 동작이나 상태의 지속

'동사+着'는 동작의 진행을 나타내는데, 동사 앞에 '正', '在', '正在' 등이 오거나, 문장의 끝에 '呢'가 와서 호응할 수 있다.

① 我们说着话, 喝着茶, 谈得很开心。　② 他们正在等着你呢。
③ 外面正下着雨呢。　　　　　　　　④ 我们正在看电视呢。

'동사/형용사+着'는 상태의 지속을 나타내는데, 이 경우 동사나 형용사 앞에 '正', '在', '正在' 등을 쓸 수 없다.

① 桌子上放着一张照片。　　　　② 都十二点了, 他屋里的灯光还亮着。
③ 她穿着一套新衣服呢。　　　　④ 门开着。

부정형식은 '没(有)……着'이고 정반의문문의 형식은 '……着(……)没有'이다.

① 门没开着。　　　　　　　　　② 他背着书包没有?

'동사₁+着+동사₂'에서 동사₁은 동사₂의 방식 혹은 상태를 나타낸다.

① 他笑着说 "欢迎! 欢迎!"。　　② 他坐着吃饭。
③ 他躺着看书。　　　　　　　　④ 他走着去学校。

② 구조조사 '地'

이음절 형용사가 부사어가 되어 동사를 수식하는 경우, 부사어와 동사 사이에 구조조사 '地'를 붙이는데, 부사어가 된 형용사 앞에 또 부사어가 올 경우 '地'는 생략할 수 없다. 형용사를 중첩하면 그 뜻은 형용사 앞에 '很', '非常'을 써준 것과 같으며, 조사 '地'는 생략할 수 없다.

① 他正在紧张地看着比赛。　　　② 我们非常顺利地到达了目的地。
③ 他认认真真地又找了一遍。　　④ 孩子们高高兴兴地去公园。

➕ 灯光 dēngguāng 불빛, 조명 / 亮 liàng 밝다, 환하다 / 背 bèi (등에) 지다 / 比赛 bǐsài 경기 / 到达 dàodá 도착하다 / 目的地 mùdìdì 목적지

Step 3 : 주요 표현 & 어휘 따라잡기

■ **자주 쓰이는 양사를 익혀두세요.**

양사	사용 대상	용례
本	서적에 쓰인다.	一本书 / 一本词典
次	사물이 경과한 차수, 횟수 등에 쓰인다.	一次试验 / 一次手术
次	동작의 횟수에 쓰인다.	去一次 / 看过两次
个	응용 범위가 매우 넓으며, 일반 명량사를 대치할 수 있다.	一个苹果 / 一个电脑 / 一个杯子 / 一个国家 / 一个书包
件	의복이나 일 등에 쓰인다.	一件毛衣 / 一件事
口	가족수에 쓰인다.	他家有五口人。
口	언어에 쓰여 어떤 언어에 숙련됐음을 나타낸다. 앞에 수사 '一'가 붙는다.	一口流利的北京话
口	입으로 먹거나 무는 횟수에 쓰인다.	吃了两口 / 咬了一口
块	덩어리로 된 물건에 쓰인다.	一块糖 / 一块石头
块	화폐단위 '元'과 같다.	两块钱
辆	차량에 쓰인다.	一辆公共汽车 / 一辆自行车
双	쌍을 이룬 물건에 쓰인다.	一双鞋 / 一双眼睛 / 一双手
套	벌, 조, 세트, 체계를 이룬 것에 쓰인다.	一套衣服 / 一套家具
条	긴 모양의 물건에 쓰인다.	一条裤子 / 一条路 / 一条蛇 / 一条鱼
张	평평한 면이 있는 물건에 쓰인다.	一张床 / 几张桌子 / 两张报纸
只	쌍으로 된 물건 중의 하나에 쓰인다.	一只脚 / 一只袜子 / 一只手
只	일부 동물에 쓰인다.	两只羊 / 一只鸡 / 一只兔子
只	일부 기구나 도구에 쓰인다.	一只箱子 / 一只船

○ 试验 shìyàn 실험 / 手术 shǒushù 수술 / 国家 guójiā 국가 / 咬 yǎo 깨물다 / 辆 liàng 대(양사) / 石头 shítou 돌 / 家具 jiāju 가구 / 张 zhāng 장, 개(양사) / 箱子 xiāngzi 상자

Step 4 : 이렇게 저렇게 말해보기 Track 46

1. 屋里摆 / 桌子上放 / 地上铺 / 墙上挂 — 着 — 一套沙发。/ 一本书。/ 一块地毯。/ 一幅画。

2. 他的新家看 / 这首歌听 / 鱼香肉丝吃 — 起来 — 特别雅致。/ 真好听。/ 很不错。

3. 他们 — 听 / 骑 / 看 / 喝 — 着 — 音乐写作业。/ 自行车去学校。/ 报纸吃早饭。/ 啤酒看球赛。

4. 他们 — 坐 / 躺 / 走 — 着 — 聊天。/ 看电视。/ 去商店。

5. 每到 — 学期末 / 考试 / 夏天 — 我都 — 很忙。/ 很紧张。/ 去游泳。

6. 我高兴 / 海边美 / 味道好 — 极了。

➕ 聊天 liáotiān 잡담하다, 이야기나누다 / 学期末 xuéqīmò 학기말 / 海边 hǎibiān 해변

Step 4 : 중국어 실력 쑥쑥 키우기

1 다음 그림을 보고, 요구에 따라 문장을 완성하시오.

A. '동사+着'를 이용하여 문장을 완성하시오.

(1)

门_____。

(2)  韩服

她_____。

(3)

学生们_____。

(4)

墙上_____。

B. '동사$_1$+着+동사$_2$'를 이용하여 문장을 완성하시오.

(1)  背

小朋友_____。

(2)

我经常_____。

(3)

爸爸和妈妈_____。

(4)

爸爸_____。

2 다음은 수업이 끝난 뒤의 교실의 정경입니다. 그림을 보고 보기와 같이 자유롭게 묘사하시오.

[보기] 王明在喝着水呢。

제시어 >> 张兰 在旭 中国地图 桌子 椅子 黑板 老师 ……

3 '的', '地', '得' 중 알맞은 것으로 빈칸을 채우시오.

(1) 他忙_____没有时间吃饭。

(2) 他又仔仔细细_____看了一遍。

(3) 这就是我要告诉你_____。

(4) 他跑_____很快。

(5) 我昨天买_____衣服有点儿小。

(6) 他非常认真_____跟我谈了他的想法。

(7) 他比我长_____帅。

(8) 这是我朋友送给我_____礼物。

4 다음에 대해 중국어로 말해 보시오.

(1) 학교(학원 회사) 주변의 환경을 묘사해 보시오.

(2) 본문에서 배운 어휘를 이용하여 각자의 집안의 실내장식에 대해 소개해 보시오.

➕ 韩服 hánfú 한복 / 仔细 zǐxì 자세하다

청렴한 관리의 대명사 - 포청천(包靑天)

중국 민간에는 포청천에 대한 수많은 일화가 전설처럼 회자되고 있다. 대부분 백성들을 위해 공평무사하게 법을 집행했던 그를 칭송하는 내용인데, 그는 역사상 실존했던 인물로 송나라의 포증(包拯)을 가리킨다.

포증은 기원 999년 안후이(安徽) 허페이(合肥)에서 태어났으며 오랫동안 관리를 역임하였다. 그는 관직에 있으면서 개인적인 관계나 정에 따라 형을 집행하지 않았으며, 또한 형을 집행함에 있어 신분의 고하를 따지지 않았다.

일례로 그의 외종숙이 범법행위를 저질렀을 때, 친척들이 찾아와 죄를 감해 줄 것을 청하였지만 법에 따라 사형을 언도하였다.

또한 카이펑(开封)에서 몇몇 고관이 물길 위에 정자를 수축하느라 물이 막혀 큰 홍수가 난 적이 있었는데, 그는 카이펑의 안전을 위해 고관들에게 건축물을 모두 철거할 것을 명했다. 황제의 친척들이 죄를 지었을 때에도, 그는 그들이 마땅히 받아야 할 벌을 받을 때까지 계속하여 황제에게 간언을 올렸다.

그는 일생을 청렴결백하게 살면서 백성들의 우러름을 받았으며, 아무런 힘이 없는 백성들이 억울한 일을 당하면 자세히 조사·분석하여 그들의 억울함을 풀어주었다. 그래서 사람들은 그를 푸른 하늘처럼 공평무사하다고 하여 '포청천'이라 불렀다.

그는 고관이 된 후에도 늘 일반 백성들과 같이 검소하게 생활하였다. 그리고 1062년 세상을 떠나면서 다음과 같은 유언을 남겼다고 한다.

"자손 중 관리를 하면서 부정부패를 저지르는 자는 고향에 돌아오지 못하게 하라. 그리고 죽은 후에도 우리 집안의 선산에 묻히지 못하게 하라."

허난성(河南省) 카이펑의 포공사(包公寺)에 있는 포증의 좌상.

铺	ノ 乍 钅 钅 钉 钥 铺 铺
鋪·pū	铺 铺 铺

摆	一 十 扌 扩 押 押 押 摆
擺·bǎi	摆 摆 摆

墙	一 十 土 ナ 圹 圹 墙 墙 墙
墻·qiáng	墙 墙 墙

礼	、 ㇇ ㇈ 礻 礼
禮·lǐ	礼 礼 礼

双	フ 又 双
雙·shuāng	双 双 双

恋	亠 亣 亦 恋 恋
戀·liàn	恋 恋 恋

6 中国的气候

중국의 날씨에 대하여

이 과의 학습포인트
1. '比'자문
2. 一点儿也不 / 没……

Key Expressions   Track 47

气温比昨天还高，热死了。 가온이 어제보다 더 높아서 더워 죽겠습니다.
这儿比哈尔滨热多了。 이곳은 하얼빈보다 훨씬 덥습니다.
气温比这儿低五、六度，一点儿也不热。 가온이 이곳보다 5~6도 가량 낮아서 조금도 덥지 않습니다.

Step 1 : 기본회화 익히기 Track 48~53

[회화1] 吴大锡: 北京的夏天太热了。
Běijīng de xiàtiān tài rè le.

张 兰: 中国北方的夏天都挺热的。
Zhōngguó běifāng de xiàtiān dōu tǐng rè de.

吴大锡: 南方也是这样吗?
Nánfāng yě shì zhèyàng ma?

张 兰: 跟北方差不多，不过雨水比北方多。
Gēn běifāng chàbuduō, búguò yǔshuǐ bǐ běifāng duō.

吴大锡: 冬天一定比北方暖和吧?
Dōngtiān yídìng bǐ běifāng nuǎnhuo ba?

张 兰: 当然。在广州，冬天只穿一件毛衣就行了。
Dāngrán. Zài Guǎngzhōu, dōngtiān zhǐ chuān yí jiàn máoyī jiù xíng le.

[단어] 南方 nánfāng 명 남방
    北方 běifāng 명 북방
    雨水 yǔshuǐ 명 비
    广州 Guǎngzhōu 고유 광저우(중국 광둥성 성도)
    当然 dāngrán 부 당연히
    毛衣 máoyī 명 스웨터

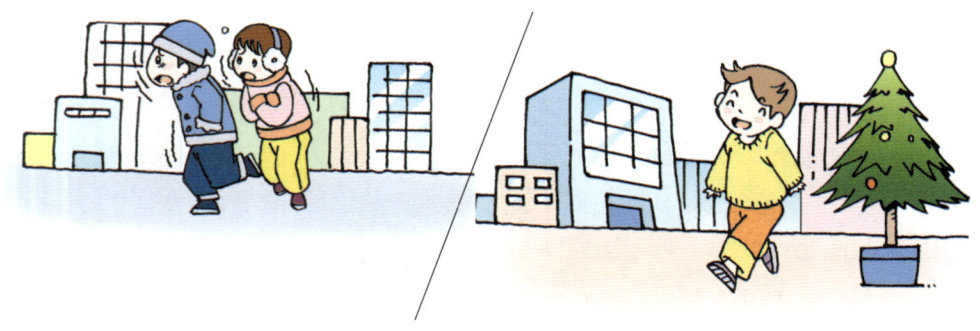

[회화2] 金在旭： 今天三十七度，气温比昨天还高，热死了。
Jīntiān sānshíqī dù, qìwēn bǐ zuótiān hái gāo, rè sǐ le.

马丽丽： 我真受不了，这儿比哈尔滨热多了。
Wǒ zhēn shòu bu liǎo, zhèr bǐ Hā'ěrbīn rè duō le.

金在旭： 你们那儿夏天不热吗？
Nǐmen nàr xiàtiān bú rè ma?

马丽丽： 气温比这儿低五、六度，一点儿也不热。
Qìwēn bǐ zhèr dī wǔ、liù dù, yìdiǎnr yě bú rè.

金在旭： 冬天呢？
Dōngtiān ne?

马丽丽： 冬天气温一般都在零下二十度左右。
Dōngtiān qìwēn yìbān dōu zài língxià èrshí dù zuǒyòu.

金在旭： 这么冷，出得了门吗？
Zhème lěng, chū de liǎo mén ma?

马丽丽： 出门不成问题。
Chū mén bù chéng wèntí.

[단어] 死　sǐ　⑧ 죽다
受不了　shòu bu liǎo　참을 수 없다
哈尔滨　Hā'ěrbīn　고유 하얼빈(중국 헤이룽장성 성도)
低　dī　⑨ 낮다
一般　yìbān　⑨ 일반적으로, 보통
成　chéng　⑧ 이루다, ~가 되다

[회화3] 金在旭 : 今天我比昨天多穿了一件毛衣还觉得冷。
Jīntiān wǒ bǐ zuótiān duō chuān le yí jiàn máoyī hái juéde lěng.

张　兰 : 来寒流了，气温下降了十度左右。
Lái hánliú le, qìwēn xiàjiàng le shí dù zuǒyòu.

金在旭 : 都春天了，还这么冷。气候真是越来越反常了。
Dōu chūntiān le, hái zhème lěng. Qìhòu zhēnshi yuè lái yuè fǎncháng le.

张　兰 : 今年的雨水也比以前少多了，沙尘暴越来越厉害，都刮到韩国了。
Jīnnián de yǔshuǐ yě bǐ yǐqián shǎo duō le, shāchénbào yuè lái yuè lìhai, dōu guā dào Hánguó le.

金在旭 : 看来，人们真应该重视环境保护了。
Kànlái, rénmen zhēn yīnggāi zhòngshì huánjìng bǎohù le.

[단어]
寒流　hánliú　명　한파
下降　xiàjiàng　동　내려가다
气候　qìhòu　명　기후
真是　zhēnshi　부　정말, 참(불만의 어기를 나타냄)
反常　fǎncháng　형　비정상적이다
沙尘暴　shāchénbào　명　황사
刮　guā　동　불다
应该　yīnggāi　조동　마땅히 ~해야 한다
重视　zhòngshì　동　중시하다
保护　bǎohù　명동　보호; 보호하다

Step 2 : 어법 포인트 콕콕 찍어주기

1 '比'자문

두 사물을 비교할 때 '比'자문을 쓴다. 전치사 '比'는 두 가지 사물의 성질, 특성 등을 비교하는 의미를 나타내는데, '比'가 쓰인 문장에는 또다시 '很', '非常', '太' 등의 정도부사가 쓰일 수 없다. 부정형은 '比' 대신 '没有'를 써준다.

> 형식   A + 比 + B + 형용사(구)/동사(구)

① 今天比昨天暖和。　　② 这本词典比那本贵。
③ 姐姐比妹妹喜欢新车。　　④ 他没有我跑得快。

'比'를 써서 비교를 나타내는 문장에서 두 가지 사물의 구체적인 차이를 나타낼 경우, 차이를 나타내는 단어 뒤에 수량사를 놓아 보어로 삼을 수도 있고, '一点儿', '一些' 등을 써서 차이가 적음을, '得多', '多了'로 차이가 큼을 나타낼 수도 있다.

⑤ 他比我大一点儿。　　⑥ 今天气温比昨天低五、六度。
⑦ 今天比昨天冷得多。　　⑧ 今天比昨天暖和些。
⑨ 他汉语比韩语说得好多了。　　⑩ 我比他多学了两年的汉语。

'比'가 비교하는 대상인 A와 B가 '명사/대사 한정어 + 的 + 명사 중심어' 구조이고 그 중심어가 서로 같을 때에는 일반적으로 '명사/대사 한정어 + 的' 구조만 남기고 B의 중심어를 생략할 수 있다.

⑪ 丽丽的房子布置得比我的雅致得多。　　⑫ 小张的衣服比小李的更漂亮。
⑬ ＊丽丽的房子布置得比我雅致得多。　　⑭ ＊小张的衣服比小李更漂亮。

2 一点儿也不 / 没……

'一点儿也不/没……'는 완전부정형식으로 어기를 강조하는 역할을 한다.

① A : 你知道这件事吗？　　② A : 这本书怎么样？
　　B : 我一点儿也不知道。　　　　B : 这本书一点儿也没意思。
③ A : 你吃饭了吗？　　④ A : 你会说汉语吗？
　　B : 我一点儿饭也没吃。　　　　B : 我一点儿汉语也不会说。

Step 3 : 이렇게 저렇게 말해보기 Track 54

1. 上海的商业 / 天津的夏天 / 他的年龄 / 我的书 — 比 — 北京繁荣。 / 上海凉快。 / 我大。 / 他的厚。

2. 北京的 春天/夏天/秋天/冬天 比青岛 暖和(一)点儿。 / 热一些。 / 凉快得多。 / 冷多了。

3. 他年龄 / 他个子 / 今天气温 / 他的成绩 — 比 — 我大十岁。 / 我高两公分。 / 昨天低三度。 / 她的多两分。

4. 今年夏天热 / 汉语发音难 / 不睡觉困 / 中药苦 — 死了。

5. 一天没吃饭，饿 / 昨晚开夜车了，困 / 没有水喝，渴 / 忙了一天，累 — 死我了。

6

| 广州的冬天
威海的夏天
这儿的风景
他的主意 | 一点儿也不 | 冷。
热。
美。
好。 |

7

| 今天早上
昨天的作业
昨晚
他的话 | 我一点儿也没 | 吃。
做。
睡着。
听懂。 |

8

| 都 | 秋天
春天
晚上十二点
三十岁 | 了，还 | 这么热。
这么冷。
不睡觉。
看卡通片。 |

9

| 气候
沙尘暴
风
雪 | 越来越 | 反常
厉害
大
大 | 了。 |

✚ 天津 Tiānjīn 톈진(지명) / 年龄 niánlíng 나이 / 厚 hòu 두껍다 / 公分 gōngfēn 센티미터 / 中药 zhōngyào 중약 / 渴 kě 목마르다 / 威海 Wēihǎi 웨이하이(지명) / 主意 zhǔyi 생각, 의견 / 卡通片 kǎtōngpiàn 만화

Step 4 : 중국어 실력 쑥쑥 키우기

1 제시어를 이용하여 다음 그림의 상황을 묘사하시오.

(1)

제시어 >> 比……

(2)

제시어 >> 比……　来

(3)

汉城 28℃
济洲道 32℃

제시어 >> 比……多了

(4)

제시어 >> 比……得多

(5)

제시어 >> 比……一点儿

(6)

제시어 >> 跟……差不多

(7)

제시어 >> 比……还……　考

(8)

제시어 >> 比……多 + 동사　买

2 괄호 안의 표현을 이용하여 문장을 완성하시오.

A. '一点儿也不/没……'를 이용하여 문장을 만드시오.

(1) 我刚来中国，汉语_____。

(2) 昨天玩了一天，作业_____。

(3) 这商店东西_____，别买了。

(4) 广告_____，我们看体育节目吧。

B. '都……了'를 이용하여 문장을 만드시오.

(1) _____，天气还这么冷。

(2) _____，该退休了。（六十）

C. '越来越……'를 이용하여 문장을 만드시오.

(1) _____，人们应该保护环境。（气候）

(2) _____，我听不清楚。（声音）

D. '跟……差不多'를 이용하여 문장을 만드시오.

(1) _____，不用加衣服。（气温）

(2) _____，我也喜欢球类运动。（爱好）

E. '……死了'를 이용하여 문장을 만드시오.

(1) _____，快吃饭吧。

(2) _____，我的护照却不见了。（起飞）

3 다음 주제에 대해 중국어로 대화를 나누시오.

(1) 날씨의 변화가 비교적 심했던 며칠을 선택해서 정황을 서술해 보시오.

(2) 잘 알고 있는 두 지방의 사계절의 기후 특징을 비교해 보시오.

(3) 환경보호의 필요성에 대해 이야기해 보시오.

○ 广告 guǎnggào 광고 / 体育 tǐyù 스포츠 / 节目 jiémù 프로그램 / 加 jiā 더하다, 보태다 / 退休 tuìxiū 퇴직하다 / 起飞 qǐfēi 이륙하다

중국문화 읽기

진나라의 개혁가 － 상앙(商鞅)

상앙 변법으로 진나라의 경제력과 군사력의 발전을 가져온 개혁가

상앙은 본래 위(卫)나라 사람이었는데, 기원전 361년 진나라의 효공(孝公)이 진을 강국으로 만들기 위한 인재를 전국적으로 모집한다는 명을 내리자 진으로 건너갔다. 진 효공과 상앙은 며칠 밤을 새우며 국가의 대사를 논했고, 기원전 356년 진 효공은 상앙을 정식으로 임용하고 나라에 대한 개혁을 추진하게 된다.

상앙이 시행한 개혁 법안을 '변법(变法)'이라 한다. 변법은 두 번에 걸쳐 시행되었는데, 그 주요내용은 다음과 같다.

(1) 정전제(井田制)를 폐지하고 토지의 경계를 없앤 뒤, 토지사유제를 승인하여 자유로운 토지 매매를 할 수 있도록 한다.
(2) 식량과 면직물을 많이 생산하는 사람은 노역에서 면제한다. 전쟁에서 공을 많이 세울수록 높은 관직과 재산을 주고, 공적이 없는 귀족에게서는 특권을 박탈한다.
(3) 전국에 31개의 현을 설치하고 현의 관리는 왕이 직접 파견한다.

상앙의 변법은 귀족들의 강력한 반대에 부딪혔는데, 그는 반대하는 귀족들을 묵형(墨刑·얼굴이나 신체를 바늘로 찔러 먹물을 스며들게 하여 글자를 새기는 형벌)이나 의형(劓刑·코를 베는 형벌) 등 참혹한 형벌로 다스렸다. 효공의 전폭적인 지지를 받고 있었기 때문에 귀족들은 감히 상앙의 변법에 반대하지 못했다.

이 변법의 시행으로 진나라의 경제는 발전하기 시작했으며, 군사력 또한 강화되어 전국 후기에 최대 강국이 될 수 있었다.

후에 효공이 죽은 뒤, 그는 귀족들에 의해 반역죄라는 모함을 받아 거열형(车裂刑·사지와 머리를 다섯 대의 마차에 묶고 말을 서로 다른 방향으로 달리게 하여 찢어 죽이는 형벌)에 처해졌다.

상앙의 극(戟) 상앙이 제조하도록 했던 무기의 하나. 무기 위에 '鞅之造戟'이라는 글자가 새겨져 있다.

상앙의 방승(方升) 변법 시행 이후 개발된 양을 측정하는 기구.

挺 tǐng	一 十 扌 扌 扌 扌 挺 挺 挺

穿 chuān	丶 宀 宀 宀 宀 空 穿 穿

度 dù	丶 广 广 广 庐 庐 度 度

低 dī	亻 仁 仟 低 低

尔 爾·ěr	卜 个 尓 尔

滨 濱·bīn	氵 汀 汀 泸 泸 滨 滨

般 bān	′ 丿 几 凢 舟 舟 舢 般
	般 般 般

零 líng 零	一 广 市 市 雨 雨 零 零 零
	零 零 零

尘 chén 塵	丨 小 尘 尘 尘 尘
	尘 尘 尘

常 cháng	丨 ⺌ 尚 尚 尚 常 常
	常 常 常

应 yīng 應	丶 亠 广 广 应 应 应
	应 应 应

该 gāi 該	丶 讠 讠 讠 讠 该 该 该
	该 该 该

7 中国城市

중국의 도시에 대하여

이 과의 학습포인트

1. '有/没有'를 이용한 비교문
2. '一样/不一样'을 이용한 비교문
3. '不如'를 이용한 비교문
4. '不比'를 이용한 비교문

Key Expressions   Track 55

上海没有北京大，可是上海的人口比北京多。   상하이는 베이징만큼 넓지 않지만, 상하이의 인구는 베이징보다 많습니다.
北京交通跟首尔一样，也很拥挤。   베이징의 교통은 서울과 마찬가지로 매우 혼잡합니다.
北京的地铁不如首尔方便。   베이징의 지하철은 서울만큼 편리하지 않습니다.

 **Step 1 : 기본회화 익히기** Track 56~61

[회화1] 尹惠林： 你去没去过上海？
　　　　　　　　Nǐ qù méi qù guo Shànghǎi?

　　　　王　明： 我就是上海人。
　　　　　　　　Wǒ jiùshì Shànghǎi rén.

　　　　尹惠林： 上海(面积)有没有北京大？
　　　　　　　　Shànghǎi (miànjī) yǒu méiyǒu Běijīng dà?

　　　　王　明： 上海没有北京大，可是上海的人口比北京多，商
　　　　　　　　Shànghǎi méiyǒu Běijīng dà, kěshì Shànghǎi de rénkǒu bǐ Běijīng duō, shāng-
　　　　　　　　业也比北京繁荣。
　　　　　　　　yè yě bǐ Běijīng fánróng.

　　　　尹惠林： 今年寒假我跟你去上海看看。
　　　　　　　　Jīnnián hánjià wǒ gēn nǐ qù Shànghǎi kànkan.

　　　　王　明： 行，到时候我给你当导游。
　　　　　　　　Xíng, dào shíhou wǒ gěi nǐ dāng dǎoyóu.

[단어]　面积　miànjī　명 면적
　　　　人口　rénkǒu　명 인구
　　　　比　bǐ　개 ~보다
　　　　商业　shāngyè　명 상업
　　　　繁荣　fánróng　형 번영하다
　　　　寒假　hánjià　명 겨울방학
　　　　跟　gēn　개동 ~와 함께; 따라가다
　　　　当　dāng　동 담당하다, 맡다
　　　　导游　dǎoyóu　명 가이드

[회화2] 金在旭: 北京交通怎么样？
Běijīng jiāotōng zěnmeyàng?

马丽丽: 跟首尔一样，也很拥挤，特别是上下班时间，经常堵车。
Gēn Shǒuěr yíyàng, yě hěn yōngjǐ, tèbié shì shàngxiàbān shíjiān, jīngcháng dǔ chē.

金在旭: 北京不是也有地铁吗？
Běijīng búshì yě yǒu dìtiě ma?

马丽丽: 北京的地铁不如首尔方便。
Běijīng de dìtiě bùrú Shǒuěr fāngbiàn.

金在旭: 看来城市交通越来越成问题。
Kànlái chéngshì jiāotōng yuè lái yuè chéng wèntí.

[단어]
交通　jiāotōng　명 교통
首尔　Shǒuěr　고유 서울
拥挤　yōngjǐ　형 복잡하다
上班　shàngbān　동 출근하다
下班　xiàbān　동 퇴근하다
不如　bùrú　～만큼 ～하지 않다
方便　fāngbiàn　형 편리하다
城市　chéngshì　명 도시

[회화3] 李英爱: 哎，帮我出个主意，国庆节去香港玩儿好还是去
　　　　　　Āi, bāng wǒ chū ge zhǔyi, Guóqìngjié qù Xiānggǎng wánr hǎo háishi qù

　　　　　　西安玩儿好？
　　　　　　Xī'ān wánr hǎo?

王　明: 怎么说呢？西安和香港完全不一样。
　　　　　　Zěnme shuō ne? Xī'ān hé Xiānggǎng wánquán bù yíyàng.

李英爱: 怎么不一样？
　　　　　　Zěnme bù yíyàng?

王　明: 古都西安的名胜古迹比香港多；香港比西安更
　　　　　　Gǔdū Xī'ān de míngshèng gǔjì bǐ Xiānggǎng duō; Xiānggǎng bǐ Xī'ān gèng

　　　　　　现代，是购物的天堂。
　　　　　　xiàndài, shì gòuwù de tiāntáng.

李英爱: 那我还是去西安吧，我想了解中国的历史文化。
　　　　　　Nà wǒ háishi qù Xī'ān ba, wǒ xiǎng liǎojiě Zhōngguó de lìshǐ wénhuà.

[단어]　哎　　āi　　감 이봐, 참　　　　　　主意　　zhǔyi　　명 생각, 의견
　　　　香港　　Xiānggǎng　고유 홍콩(지명)　　西安　　Xī'ān　　고유 시안(지명)
　　　　完全　　wánquán　부 완전히　　　　　古都　　gǔdū　　명 고도, 옛 수도
　　　　名胜古迹　míngshèng gǔjì　명승고적　现代　　xiàndài　　형 현대적이다
　　　　购物　　gòuwù　명/동 쇼핑; 쇼핑하다　天堂　　tiāntáng　명 천국
　　　　了解　　liǎojiě　동 이해하다　　　　　历史　　lìshǐ　명 역사
　　　　文化　　wénhuà　명 문화

TIGAO　SHUIPING

■ 怎么说呢？

앞의 문제에 대답하기 어려움을 나타낸다. 뒤에는 늘 말하기 어려운 원인이 온다.
① A：他这个人怎么样？
　　B：怎么说呢？他有时候很认真，有时候又挺马虎。
② A：坐车去好还是骑车去好？
　　B：怎么说呢？坐车去不累，骑车去有意思。

Step 2 : 어법 포인트 콕콕 찍어주기

▸ 비교를 나타내는 여러가지 방법

❶ '有 / 没有'를 이용한 비교문

동사 '有'와 그 부정형식 '没有'가 비교에 쓰이면, 어느 정도에 도달했거나 도달하지 못했음을 나타낸다. 이러한 비교는 의문문과 부정문에 많이 쓰인다.

> **형식** A + 有 / 没有 + B + 这么 / 那么……

의문문	부정문
你有他那么高吗?	我没有他那么高。
今天有昨天那么热吗?	今天没有昨天那么热。
那本书有这本书这么有意思吗?	那本书没有这本书这么有意思。

❷ '一样 / 不一样'을 이용한 비교문

> **형식** A + 跟 / 和 + B + 一样 / 不一样 (+ 동사 / 형용사)

'A + 跟 / 和 + B + 一样 (+ 동사 / 형용사)'는 두 가지 사물을 비교한 결과가 같거나 비슷함을 나타낸다.

① 我的衣服跟他的(衣服)一样。　　② 在国外和在国内一样方便。
③ 他和我一样爱打球。

'A + 跟 / 和 + B + 不一样 (+ 동사 / 형용사)'는 두 사물을 비교한 결과가 다름을 나타낸다.

④ 我的爱好跟他不一样。　　⑤ 苹果跟橘子价钱不一样。

때때로 부정부사 '不'를 이용해서 구문을 부정할 수도 있는데, 이때 '不'가 부정하는 것은 '一样'이 아니라 '跟 / 和……'임에 주의해야 한다.

⑥ 他的意见不跟我的意见一样, 跟小王的意见一样。

중국의 도시에 대하여 | 91

③ '不如'를 이용한 비교문

'A + 不如 + B + ……'는 'A는 B보다 (~하지) 못하다'의 의미이다. 'A + 没有 + B + ……'
와 의미가 같은데, 단 '不如'는 B 뒤에 부가성분이 없이 'A + 不如 + B'의 형태로 쓰일 수
있지만 '没有'는 B 뒤에 반드시 부가성분이 와야 한다.

> **형식**　A + 不如 + B (+ 동사 / 형용사)

① 学习成绩我不如她。　　　　② 我的汉语水平不如他高。
③ 我的汉语不如他说得流利。　④ 我汉语说得不如他流利。

④ '不比'를 이용한 비교문

'A + 不比 + B + ……'는 'A + 跟 + B + 差不多'와 같은 의미로, 비교하는 두 대상의 차이
가 거의 없음을 나타낸다. 'A + 比 + B + ……'의 부정형이 'A + 不比 + B + ……'가 아니
라 'A + 没有 + B + ……'라는 점에 주의해야 한다.

> **형식**　A + 不比 + B (+ 동사 / 형용사)

① A : 小王比你高吗？
　 B : 她不比我高，我一米七，她也一米七。
　　　or 她不比我高，可能还比我矮一点儿。
② 他的工作能力一点儿也不比小张差。

 **Step 3 : 이렇게 저렇게 말해보기** Track 62

1 | 北京 / 我的宿舍 / 这本词典 / 今天 | 没有 | 上海 / 他们的 / 那本 / 昨天 | 那么 | 繁荣。/ 干净。/ 好。/ 暖和。

2 | 今天早上 / 昨天晚上 / 中国歌 / 韩国电影 | 他比我 | 走得早。/ 睡得晚。/ 唱得好。/ 看得多。

3 | 他汉语说 / 弟弟长 / 今天雨下 / 我篮球打 | 得比 | 我流利。/ 哥哥高。/ 昨天大。/ 排球好。

4 | 北京的交通 / 北京的名胜古迹 / 这件的价钱 / 川菜 | 和 | 首尔 / 西安 / 那件的 / 韩国菜 | 一样 | 拥挤。/ 多。/ 便宜。/ 辣。

5 | 这个包 / 这所大学 / 坐火车 / 穿裤子 | 不如 | 那个漂亮。/ 那所大学有名。/ 坐汽车方便。/ 穿裙子好看。

Step 4 : 중국어 실력 쑥쑥 키우기

1 요구에 따라 각 그림의 상황을 묘사하시오.

(1) '跟……(不)一样'을 이용하여 문장을 만드시오.

ⓐ 外形   ⓑ 颜色

ⓒ 价格   ⓓ 头发

(2) '有/没有……这么/那么'를 이용하여 문장을 만드시오.

ⓐ 学生/多   ⓑ 房子/新

ⓒ 裙子/短   ⓓ 写/好

(3) '不如'를 이용하여 문장을 만드시오.

ⓐ 　　ⓑ

ⓒ 　　ⓓ

2 주어진 단어를 이용하여 문장을 완성하시오.

(1) 大城市的人口越来越多，_____。(成问题)

(2) 别坐火车了，坐飞机吧，_____。(比)

(3) 我不知道怎么办好，你_____。(出主意)

(4) 王明比大卫年龄大，可是_____。(看起来)

(5) 在国外生活不如在国内方便，_____。(特别是)

(6) 昆明四季如春，北京冬冷夏热，_____。(完全)

3 면적(面积), 인구(人口), 기후(气候), 명절(节日), 역사(历史), 전통적 관습(传统习惯) 등에 대해 한중 양국을 비교해 보세요.

✚ 外形 wàixíng 외형, 겉모양 / 酒量 jiǔliàng 주량 / 昆明 Kūnmíng 쿤밍(지명)

중국문화 읽기

사마천(司馬遷)을 계승한 위대한 역사가 - 사마광(司馬光)

　북송(北宋) 시대의 정치가이자 역사가였던 사마광은 1019년, 지금의 산시(山西)지방에서 태어났다.
　관료 집안에서 자라며 재상까지 지낸 사마광은 국가를 다스리는 사람이 반드시 알아야 할 것으로 역사를 꼽았다. 그러한 신념에 따라 2년의 시간을 들여 전국시기에서 진나라 말까지의 역사를 기록한 『통지(通志)』를 펴냈으며, 후에 이것을 송(宋) 영종(英宗)에게 보여 주었다. 이에 만족한 영종은 그에게 그 작업을 계속 해나갈 것을 명했으며, 그리하여 사마광은 당시의 저명한 사학자들을 초빙해 통사를 써내려가기 시작했다. 이들이 수집한 자료들 중에는 이전의 역사서에서는 찾아볼 수 없었던 진귀한 자료들도 많이 포함되어 있었다.
　책의 편찬이 늦어지지 않게 하기 위해 '경침(警枕)'이라는 둥근 나무 베개를 만들어 잠을 줄였다는 일화는 그가 이 역사서 편찬을 위해 얼마나 심혈을 기울였는지를 단적으로 보여 준다.
　이 역사서의 편찬에 혼신의 힘을 기울인 사마광은 마침내 19년만에 이 대작을 완성하게 된다. 영종의 뒤를 이은 신종(神宗)은 이를 매우 기뻐하며 책에 『자치통감(資治通鑑)』이라는 이름을 붙여주었다. 편년체(編年體)의 통사로 기원전 403년부터 서기 959년까지 1362년간의 역사가 기록된 이 책은 그 분량이 총 294권, 300여만 자에 이르는데, 후대 편년체 역사서의 본보기가 된 귀중한 중국의 고대 문화유산으로 꼽힌다.

사마광 상　사마광은 『자치통감』을 편찬하여 중국의 역사사에 한 획을 그은 인물로 평가받고 있다.

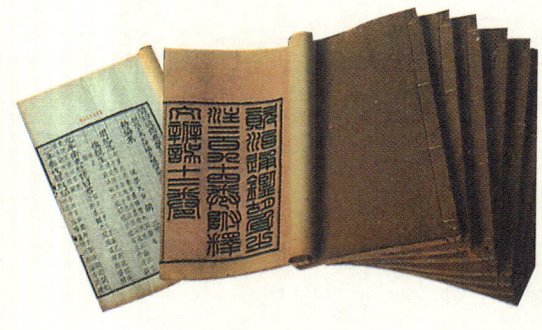

자치통감　294권, 300여만 자에 달하는 자치통감은 편년체 역사서의 본보기이자 중국의 귀중한 고대 문화유산으로 꼽힌다.

积 積·jī	一 二 千 禾 禾 积 积 积
	积 积 积

荣 榮·róng	一 艹 艹 艹 芇 荣
	荣 荣 荣

当 當·dāng	丨 丨 丬 半 当 当
	当 当 当

通 通·tōng	丁 甬 甬 甬 通
	通 通 通

越 yuè	土 耂 走 走 起 越 越 越
	越 越 越

拥 擁·yōng	一 † 扌 扌 扣 扣 拥 拥
	拥 拥 拥

挤 擠·jǐ	一 十 扌 扩 抒 挤
	挤 挤 挤

哎 āi	丨 口 口 口 吖 吣 哎
	哎 哎 哎

胜 勝·shèng	丿 几 月 月 肝 胙 胖 胜
	胜 胜 胜

迹 迹·jì	亠 亣 亦 迹
	迹 迹 迹

购 購·gòu	冂 贝 贩 购
	购 购 购

历 歷,曆·lì	一 厂 厅 历
	历 历 历

8 庆贺

축하하기

이 과의 학습포인트
1. '把'자문
2. ……一下子（就）……
3. 连……也/都……

Key Expressions   Track 63

一年的留学生活一下子就过去了。   1년의 유학생활이 곧 끝납니다.
我早把这事忘得一干二净了。   저는 이미 그 일을 깨끗이 잊어버렸습니다.
他现在连聚会的时间也没有。   그는 지금 모임을 가질 시간조차도 없습니다.

 **Step 1 : 기본회화 익히기** Track 64~69

[회화1] 李英爱 : 时间过得可真快，一年的留学生活一下子就过去了。
Shíjiān guò de kě zhēn kuài, yì nián de liúxué shēnghuó yíxiàzi jiù guòqù le.

大 卫 : 是呀，我也有同感。
Shì ya, wǒ yě yǒu tónggǎn.

李英爱 : 刚来中国的时候，你常常把我的名字叫错。
Gāng lái Zhōngguó de shíhou, nǐ chángcháng bǎ wǒ de míngzi jiàocuò.

大 卫 : 我早把这事忘得一干二净了，只记得你总是把
Wǒ zǎo bǎ zhè shì wàng de yì gān èr jìng le, zhǐ jìde nǐ zǒngshì bǎ

"吃饭"说成"期盼"。
"chī fàn" shuōchéng "qīpàn".

李英爱 : 哈哈，那时候我的发音不准，常常闹出笑话来。
Hāhā, nàshíhou wǒ de fāyīn bù zhǔn, chángcháng nàochū xiàohuà lái.

大 卫 : 来，为我们美好的留学生活干一杯。
Lái, wèi wǒmen měihǎo de liúxué shēnghuó gān yì bēi.

李英爱, 大卫 : 干杯！
Gānbēi!

[단어]
生活 shēnghuó 명 생활
同感 tónggǎn 명동 동감(하다), 공감(하다)
把 bǎ 개 ~을
记得 jìde 동 기억하다
准 zhǔn 형 정확하다
闹笑话 nào xiàohuà (실수나 경험 부족으로) 웃음을 자아내다
美好 měihǎo 형 아름답다

一下子 yíxiàzi 일시에, 어느새
常常 chángcháng 부 늘, 항상
一干二净 yì gān èr jìng 깨끗이, 모조리
期盼 qīpàn 동 기대하다
干杯 gānbēi 동 건배하다, 잔을 비우다

 TIGAO SHUIPING

■ 时间过得可真快。

'可'는 확실히 이러함을 강조한다. 정도를 나타내는 다른 부사와 함께 쓰일 수 없다.
① 昨天夜里的风可大了。　　③ 那儿的风景可美了。
③ 记住, 可别忘了。　　　　④ 你可不能来晚了。

[회화2] 张 兰： 听说你又把工作辞了。
Tīngshuō nǐ yòu bǎ gōngzuò cí le.

吴大锡： 你消息挺灵通的，我现在是记者了。
Nǐ xiāoxi tǐng língtōng de, wǒ xiànzài shì jìzhě le.

张 兰： 这次为什么跳槽？
Zhè cì wèishénme tiàocáo?

吴大锡： 以前那家网络公司的工作不适合我，就被老板
Yǐqián nà jiā wǎngluò gōngsī de gōngzuò bú shìhé wǒ, jiù bèi lǎobǎn
炒鱿鱼了。
chǎo yóuyú le.

张 兰： 你对现在的工作满意吗？
Nǐ duì xiànzài de gōngzuò mǎnyì ma?

吴大锡： 当记者接触面广，比较适合我。
Dāng jìzhě jiēchùmiàn guǎng, bǐjiào shìhé wǒ.

张 兰： 祝贺你，不过别把自己累坏了。
Zhùhè nǐ, búguò bié bǎ zìjǐ lèihuài le.

[단어] 辞 cí 동 사직하다   消息 xiāoxi 명 소식
　　 灵通 língtōng 동 (소식이)빠르다   记者 jìzhě 명 기자
　　 跳槽 tiàocáo 동 직업을 바꾸다   以前 yǐqián 명 이전
　　 适合 shìhé 동 적합하다, 어울리다 炒鱿鱼 chǎoyóuyú 해고하다
　　 老板 lǎobǎn 명 주인, 사장   满意 mǎnyì 명 만족스럽다, 만족하다
　　 接触面 jiēchùmiàn 명 접촉면적   广 guǎng 명 넓다
　　 祝贺 zhùhè 동 축하하다

TIGAO SHUIPING

■ 以前那家网络公司的工作不适合我，就炒了老板的鱿鱼。

부사 '就'는 승접복문 중에 쓰여, 뒤의 상황이 앞 상황에 연이어 일어나며, 뒤의 상황은 앞 상황에 의해 일어난 것임을 나타낸다. 주어 뒤에 쓰인다.

① 下雨了，我们就没法游泳。　　② 大家都劝我去，我就去了。

[회화3] 王　明：好久都没小张的消息了。
　　　　　　　Hǎojiǔ dōu méi Xiǎo Zhāng de xiāoxi le.

　　　　尹惠林：你还不知道啊？他升职了，现在是部门经理。
　　　　　　　Nǐ hái bù zhīdào a? Tā shēngzhí le, xiànzài shì bùmén jīnglǐ.

　　　　王　明：原来是这样。不过，那也不应该把老朋友给忘了。
　　　　　　　Yuánlái shì zhèyàng. Búguò, nà yě bù yīnggāi bǎ lǎo péngyou gěi wàng le.

　　　　尹惠林：恐怕是忙的吧，听说他工作成绩很大。
　　　　　　　Kǒngpà shì máng de ba, tīngshuō tā gōngzuò chéngjì hěn dà.

　　　　王　明：找个时间一起给他庆贺一下儿。
　　　　　　　Zhǎo ge shíjiān yìqǐ gěi tā qìnghè yíxiàr.

　　　　尹惠林：依我看，他现在恐怕连聚会的时间也没有。
　　　　　　　Yī wǒ kàn, tā xiànzài kǒngpà lián jùhuì de shíjiān yě méiyǒu.

[단어]　升职　shēngzhí　동 진급하다, 승진하다　　部门　bùmén　명 부문, 분과
　　　　原来　yuánlái　부/명 알고 보니; 원래, 본래　庆贺　qìnghè　동 축하하다
　　　　依……看　yī……kàn　～에 의거하여 보면, ～가 보기에는
　　　　连……也/都　lián……yě/dōu　～까지도, ～마저도　聚会　jùhuì　명/동 모임; 모이다

■ 原来是这样。

'原来'는 원인을 나타내는 문장을 끌어내어 말하는 사람이 어떤 정황의 원인을 이제야 알았음을 나타낸다. 앞이나 뒤에는 '怪不得 [guàibude・어쩐지]'가 호응하여 과거에 이상하게 생각했던 어떤 상황을 끌어낸다.
① 原来你生病了，怪不得你昨天没去学校。
② 怪不得这件衣服这么贵，原来是名牌呀。

■ 依我看，他现在恐怕连聚会的时间也没有。

'依……看'은 '～의 견해에 따르면'의 의미로, 판단을 내리는 주체를 이끌어낸다.
① A：你说我们怎么去？　　　　　② A：依你看，我们什么时候去比较好？
　 B：依我看，我们还是坐火车。　　　B：依我看，还是"五·一"去好。

Step 2 : 어법 포인트 콕콕 찍어주기

1 '把' 자문

전치사 '把'로 구성된 '把'자문은 동작의 사물에 대한 처리와 처리된 결과를 강조하여 설명하는 데 쓰인다. '把'자문에서 전치사 '把'와 그 목적어 처리된 사물은 반드시 주어의 뒤, 동사의 앞에 놓여 부사어로 쓰인다.

일반평서문	'把'자문
我丢了钱包。	我把钱包丢了。
我要学好汉语。	我要把汉语学好。

'把'자문이 성립되기 위해 반드시 충족되어야 하는 조건

A '把'자문의 주요 동사는 반드시 타동사여야 하고, 처리 혹은 지배의 뜻을 가진다. 처리의 뜻이 없는 동사, 예를 들어 '有', '是', '在', '去', '喜欢', '知道' 등은 '把'자문에 쓰일 수 없다.

B 목적어는 일반적으로 임의의 대상이 아닌 확정적인 대상이어야 한다.

C 동사 뒤에 반드시 기타성분이 동반된다. 예를 들면 동태조사 '了', '着', 보어(가능보어 제외) 등이 오거나, 목적어 혹은 동사가 중첩되어 쓰인다.

E '把'자문에서 능원동사와 부정부사는 모두 '把'의 앞에 놓인다.
① 我已经把作业写完了。
② 我把那本书看了三遍。
③ 我想把房间收拾收拾。
④ 你没把东西拿上楼来。
⑤ 我不会把这个秘密告诉别人。

주요동사 뒤에 결과보어 '到', '在', '给', '成'이 올 경우, 반드시 '把'자문을 사용한다.

① 你把这张表送到办公室。
② 我把书放在书架上了。
③ 我把这封信交给王老师。
④ 你把这篇文章翻译成英文。

2 ……一下子（就）……

부사 '一下子'는 어떤 동작의 발생과 완성이 신속함을 나타내거나, 어떤 현상의 출현이 돌발적임을 나타낸다. 종종 부사 '就'가 와서 호응한다.

① 一年的留学生活一下子就过去了。
② 我一下子想不起来他的名字。
③ 他一下子说出了心中的秘密。
④ 听了我的话，他的脸一下子红了。
⑤ 我一下子就认出了他。
⑥ 我一下子就学会了。

3 连……也 / 都……

'连……也 / 都……'는 어떤 대상을 강조하고자 할 때 쓰이는 표현이다. 전치사 '连'은 강조하려는 부분(일반적으로 극단적인 상황)을 이끌어내는데, 비교의 뜻을 함유하고 있으며, 강조된 대상조차 이러하니 다른 건 더 말할 여지도 없음을 나타낸다.

주어	连	강조대상 (주어 or 목적어)	也 / 都	술어	함유된 의미
	连	老师	也	不认识这个字。	这个汉字很难。
	连	小孩	都	知道这个问题。	这个问题很容易。
他	连	妈妈的生日	都	忘了。	他太马虎了。
爸爸	连	饭	也	没吃就走了。	爸爸很忙或走得很急。

➕ 秘密 mìmì 비밀 / 表 biǎo 표 / 办公室 bàngōngshì 사무실 / 书架 shūjià 책꽂이 / 文章 wénzhāng 글, 저술

Step 3 : 이렇게 저렇게 말해보기 Track 70

1

| 汉语
那件衣服
护照
那个西瓜 | 可 | 真难。
漂亮了。
别弄丢了。
甜了。 |

2

| 四年的大学生活
那个人我
我
她的眼泪 | 一下子 | 就过去
就认出来
想不起他的名字来
掉下来 | 了。 |

3

我常常把
| 日子记错。
自行车弄坏。
这个字写错。
钱包弄丢。 |

4

他没把
| 那本书给我。
成绩告诉爸爸妈妈。
那支笔送人。
书借给朋友。 |

5

你别把
| 这件事告诉别人。
时间记错了。
妈妈的生日忘了。
录音机声音开得太大。 |

➕ 护照 hùzhào 여권 / 眼泪 yǎnlèi 눈물 / 掉 diào 떨어지다 / 录音机 lùyīnjī 녹음기 / 声音 shēngyīn 소리

축하하기 | 105

6

请把 我看 成 朋友。
  这句话翻译   韩文。
  这儿当   你的家。

7

请帮我把 电话号码写在本子上。
  孩子送到幼儿园。
  这本书交给张老师。
  人民币换成美元。

8

依 我 看， 他恐怕不会来了。
  他们   我们赢不了他们。
  中国人   结婚最好穿红衣服。

9

Ⓐ 他为什么 跳槽？
  炒你的鱿鱼？
  升职？
  给你加薪？

Ⓑ 这个工作不适合他。
  我经常迟到早退。
  他工作干得很出色。
  我工作一直很努力。

✚ 幼儿园 yòu'éryuán 유치원 / 交 jiāo 건네다, 넘기다 / 赢 yíng 이기다 / 加薪 jiāxīn 봉급을 올리다 / 迟到 chídào 지각하다 / 出色 chūsè 뛰어나다

Step 4 : 중국어 실력 쑥쑥 키우기

1 다음 그림을 보고, '把'자문을 이용하여 다음 문장을 완성하시오.

(1)

我要学习, _____。

(2)

我们现在开空调, _____。

(3)

_____, 可以天天看。

(4)

_____, 进不去房间了。

(5)

A：我们去踢球吧。
B：不行, _____。

(6)

A：你要送给谁？
B：_____。

(7)

A：_____？
B：你的护照不在包里吗？

(8)

A：你的考试成绩父母知道了吗？
B：肯定知道。_____。

2 그림을 보고 요구에 따라 문장을 완성하시오.

A. '依……看'을 이용하여 문장을 만드시오.

(1)

A : 会下雨吗？

B : _____。

(2)

A : 中国队能赢还是韩国队能赢？

B : _____。

B. '原来……，怪不得……'을 이용하여 문장을 만드시오.

(3)

怪不得考得那么差，

原来_____。

(4)

原来她生病了，

怪不得_____。

C. '连……都/也……'을 이용하여 문장을 만드시오.

(5)

A : 你看过几本中文小说？

B : 我刚开始学汉语，_____。

(6)

他今天早上一起床就走了，

_____。

3 괄호 안의 표현을 이용하여 다음 대화를 완성하시오.

(1) A : 你不记得这件事吗？
　　B : _____。（一干二净）

(2) A : 汉语越学越有意思。
　　B : _____。（同感）

(3) A : 你千万别把这件事忘了。
　　B : _____？（怎么）

(4) A : 你说我穿哪件衣服参加 Party？
　　B : _____。（依……看）

(5) A : 你认识那个人吗？
　　B : _____。（连……也……）

4 '到', '在', '给', '成' 중 알맞은 것을 선택하여 빈칸을 채우시오.

(1) 我要把信寄_____韩国。

(2) 我把自行车借_____我同屋了。

(3) 别把书包放_____桌子上。

(4) 同学都把我当_____中国人。

(5) 请把这句话翻译_____汉语。

(6) 我把礼物寄_____奶奶。

(7) 你把词典送_____教室来。

5 다음 중 하나의 주제를 선택해 본문에서 배운 표현이나 어휘를 이용하여 중국어로 얘기해 보시오.

(1) 처음 대학(혹은 직장)에 들어갔을 때의 경험에 대해 얘기해 보시오.

(2) 직장을 옮겨본 경험이 있다면 그 과정에 대해 얘기해 보시오.

● 记得 jìde 기억하다 / 千万 qiānwàn 절대로

중국문화 체험 – 당시(唐诗) 느끼기

　당나라는 중국 고전시가의 절정기로서 이백, 두보를 비롯한 많은 걸출한 시인들이 출현했다. 이들이 남긴 시는 굉장히 많은데, 대부분이 5언, 7언 율시이다. 아래의 시 두 수는 대부분의 중국인들이 다 알고 있을 만큼 유명한 당시이다. 중국의 고대 시가 한두 수를 외우는 것도 중국인과 동화되어 그들 안에 들어갈 수 있는 좋은 방법 중 하나이다.

静夜思 – 李白　　　　　　　　　정야사 – 이백
jìng yè sī – Lǐ Bái

床前明月光,　　　　　　　　　침대 앞 그윽한 달빛을
Chuáng qián míng yuè guāng,

疑是地上霜,　　　　　　　　　땅 위의 서린가 했더라.
yí shì dì shang shuāng,

举头望明月,　　　　　　　　　머리 들어 밝은 달 바라보고
jǔ tóu wàng míng yuè

低头思故乡。　　　　　　　　　고개 숙여 고향을 그리네.
dī tóu sī gù xiāng.

春晓 – 孟浩然　　　　　　　　　춘효 – 맹호연
chūn xiǎo – Mèng Hàorán

春眠不觉晓,　　　　　　　　　단잠에 날 샌 줄도 몰랐는데
Chūn mián bù jué xiǎo,

处处闻啼鸟,　　　　　　　　　사방은 온통 새 우는 소리구나.
chù chù wén tí niǎo,

夜来风雨声,　　　　　　　　　밤새도록 비바람 소리더니
yè lái fēng yǔ shēng,

花落知多少。　　　　　　　　　꽃은 얼마나 졌을고.
huā luò zhī duō shao.

字	笔顺					
净 淨·jìng	丶 丬 冫 冷 净 净					
	净	净	净			
辞 辭·cí	一 二 千 舌 舌 辞 辞 辞					
	辞	辞	辞			
灵 靈·líng	𠃌 ㇆ ∃ ⺕ ⺕ 灵 灵					
	灵	灵	灵			
络 絡·luò	纟 纟 纱 终 络					
	络	络	络			
鱿 鱿·yóu	𠂉 色 鱼 鱼 鱼 鲂 鱿 鱿					
	鱿	鱿	鱿			
满 滿·mǎn	氵 氵 汁 汁 苹 泄 满 满					
	满	满	满			

触
觸·chù

笔顺：⺈ 勹 甪 角 甪 觝 触 触

贺
賀·hè

笔顺：フ カ 加 加 智 贺

升
升, 昇·shēng

笔顺：ノ 二 升 升

职
職·zhí

笔顺：一 丁 丌 耳 耵 职 职 职

依
依·yī

笔顺：亻 广 佇 佇 依

连
連·lián

笔顺：一 ナ 左 车 车 连 连

부록

· 본문해석
· 연습문제 정답
· 색인 – 본문어휘 색인 / 보충어휘 색인

1

✹ 중국어학습에 대하여 ✹

1 ▶ 장란: 넌 한국에서 중국어를 배운 적이 있니?
오대석: 배웠어.
장란: 얼마나 배웠는데?
오대석: 한두 달 정도 배웠어.
장란: 지금은 어디에서 공부하고 있니?
오대석: 칭화대학에서 배우고 있어.
장란: 넌 중국어가 어렵다고 생각되니?
오대석: 발음이랑 성조는 어렵고, 읽는 거랑 쓰는 건 쉬운 편이야.

2 ▶ 왕 선생님: 중국어를 얼마 동안 배웠지?
이영애: 반 년 정도 배웠습니다.
왕 선생님: 중국어를 참 잘하는구나.
이영애: 아직 멀었는걸요. 전 중국인이랑 똑같이 말하고 싶습니다.
왕 선생님: 그럴려면 아직도 몇 년을 더 배워야 한단다.
이영애: 예. 전 2-3년 정도 더 배우고 HSK 시험에 참가해서 8급을 받을 준비를 하고 있습니다.

3 ▶ 나는 한국인 유학생입니다. 칭화대학에서 중국어를 배우고 있으며 매일 오전 4시간의 수업을 듣습니다. 오후에는 중국인 친구와 함께 공부를 합니다. 내가 그에게 한 시간 동안 한국어를 가르치고 그가 저에게 한 시간 동안 중국어를 가르칩니다. 우리는 둘 다 매우 빨리 발전하고 있습니다. 저녁에는 우선 한 시간 동안 텔레비전을 보고, 그 뒤에 다시 세네 시간 동안 중국어를 공부합니다. 비록 힘들게 공부하고 있긴 하지만 매우 충실히 하고 있습니다.

2

✹ 명절 소개 ✹

1 ▶ 김재욱: 막 중추절을 지냈는데 또 국경절이 되었네.
장란: 중국에는 명절이 정말 많아.
김재욱: 맞아. 중국에 얼마나 많은 명절이 있는지 아마 중국인도 확실히 잘 모를 거야.
장란: 정말 그래. 전통적인 명절로 춘절이나 중추절 등이 있고, 또 국경절이나 5·1 노동절 같은 기념적인 성격의 것도 있지. 이 외에도 점점 더 많은 젊은 사람들이 외국의 명절을 지내는 걸 좋아하고 있어.

2 ▶ 왕밍: 영애야. 빨리 내가 갖고 들어가는 것좀 도와줘.
이영애: 어디에 갔다 온 거야?
왕밍: 중추절이 곧 다가오잖아. 수퍼마켓에 가서 월병 몇 박스를 사왔어.
이영애: 중추절? 한국에서도 굉장히 중요한 명절인데.
왕밍: 너희는 어떻게 지내?
이영애: 모든 가족이 모여서 송편을 먹고 달을 감상해.
왕밍: 중국하고 비슷하구나. 단 우리는 월병을 먹어.

3 ▶ 춘절은 중국에서 가장 중요한 전통 명절이

다. 춘전 전날을 제석이라 부르는데, 사람들은 대련을 붙이고 폭죽놀이를 하고 만두를 먹는다.

음력 1월 1일, 사람들은 서로 '새해 복 많이 받으세요', '항상 행복하고 돈 많이 버세요'라고 인사하며 세배를 하는데, 이 열기는 음력 1월 15일까지 계속된다. 제일 즐거워하는 것은 아이들이다. 아이들은 새옷을 입고 세뱃돈을 받고 폭죽놀이를 하는 등 굉장히 즐거워한다.

3 ✳ 진학과 취업에 대하여 ✳

1▶ 장 선생님: 넌 어느 대학에 지원할 생각이니?
샤오왕: 중앙정치법률대학에 지원할 거예요. 전 변호사가 되고 싶어요.
장 선생님: 거긴 명문대학이지. 법률전공이 굉장히 유명하고.
샤오왕: 선생님, 선생님께서 보시기에는 제가 합격을 할 수 있을 것 같으세요?
장 선생님: 네 성적으로 본다면 반드시 합격할 수 있을 거야.
샤오왕: 만약 합격하지 못한다면 제 꿈은 실현될 수 없을 거예요.
장 선생님: 그러니까 더욱 열심히 노력해야지!

2▶ 이영애: 연달아 몇 일을 밤을 새우다니, 몸이 견뎌낼 수가 있겠니?
왕밍: 어쩔 수 없어. 곧 시험이라서 밤을 새우지 않고는 복습을 끝낼 수가 없거든.
이영애: 난 복습을 다 하긴 했는데 기억을 못하겠어. 특히 영어 단어는.
왕밍: 내가 보기에 단어를 암기하는 가장 좋은 방법은 쓰면서 외우는 거야.
이영애: 하지만 난 음악을 들으면서 공부하는 게 습관이 되어 있는걸.
왕밍: 한번에 두 가지를 해서야 어떻게 기억할 수가 있겠니?

3▶ 오대석: 요즘엔 많은 대학의 졸업생들이 취직을 못하고 있어.
장란: 그래서 난 해외로 나가 유학할 생각이야. 공부를 좀 더 하려고.
오대석: 유학비용이 많이 들텐데 너희 집에서 대줄 수 있어?
장란: 난 공부하면서 일을 할 생각이야.
오대석: 굉장히 힘들텐데.
장란: 다른 사람이 견뎌낼 수 있으면 나도 견딜 수 있어.
오대석: 말하기는 쉬워도 하기는 어렵지.

4 ✳ 일상생활 ✳

1▶ 이영애: 어제 축구 경기는 어땠어?
왕밍: 말도 마. 0대 0으로 비겼는데, 정말 엉망이었어.
이영애: 어떻게 된 거야?
왕밍: 골을 넣을 수 있는 좋은 기회를 몇 번이나 놓쳐버렸어.
이영애: 네가 좋아하는 5번 선수는 어땠는데?
왕밍: 그 선수 얘기를 하면 더 화가 나. 경기장에 오르고 얼마 되지 않아서 심판이 레드카드를 줘서 퇴장당했어.
이영애: 그 선수 기술이 굉장히 뛰어나지 않니?
왕밍: 무슨 소용이 있겠어. 심판이 편파판정

을 하는데.

2▶ 장란: 재욱아. 너의 카메라를 나한테 좀 빌려줄래?
김재욱: 너도 카메라가 있지 않니?
장란: 내 카메라는 내가 잘못해서 떨어뜨려 망가뜨렸어. 아직 고치러 갈 시간이 없었어.
김재욱: 어떻게 하지? 내 카메라는 마침 다른 사람에게 빌려줬는데.
장란: 맞다! 리리가 새로 디지털카메라를 사지 않았니?
김재욱: 리리의 기숙사에 지난주에 도둑이 들었는데, 그애의 카메라도 도둑맞았대.
장란: 고마워. 다른 방법을 더 생각해 봐야겠다.

3▶ 왕밍: 왜 그래? 기운이 하나도 없어 보이네.
윤혜림: 정말 재수 없게도 지갑을 좀도둑에게 도둑맞았어.
왕밍: 지갑 안에 뭐가 있었는데?
윤혜림: 돈이랑 신분증, 신용카드 등이 있었어.
왕밍: 신용카드 분실신고는 했어?
윤혜림: 분실신고가 무슨 소용이야. 내가 신고를 하기도 전에 돈을 벌써 찾아갔던걸. 아마도 비밀번호까지 도둑맞은 것 같아.
왕밍: 어떻게 그럴 수가 있지?

✱ 주거환경에 대하여 ✱

1▶ 장란: 넌 샤오리의 새집에 가봤니?
김재욱: 지난주에 갔었어.
장란: 집이 커?
김재욱: 방이 세 개에 홀이 두 개인데, 대략 120평방미터 정도 될 거야.
장란: 잘 꾸며 놓았니?
김재욱: 아주 우아하게 해 놨어. 특히 거실이 멋있는데, 양탄자를 깔고 소파를 놨어. 소파 맞은편에는 텔레비전이 놓여 있고 벽에는 중국 그림 한 폭이 걸려 있어.
장란: 들어보니 정말 괜찮을 것 같은데?

2▶ 이영애: 어제 결혼식이 끝나고 어디에 갔었니?
왕밍: 걔네 신방에 놀러갔었어.
이영애: 신방? 신방이 뭔데?
왕밍: 문에는 결혼 축하 대련을 걸고 창문에는 두 개의 붉은 '喜'자를 붙여놔.
이영애: 난 아직까지 한 번도 신방에 놀러가 본 적이 없는데.
왕밍: 손님들은 결혼 사탕을 먹고 결혼 담배를 피고, 신랑 신부가 연애 이야기를 들려줘. 모두들 즐겁게 얘기하고 웃는데, 정말 재미있어.
이영애: 와. 그렇게 신나게 놀다니, 너와 함께 가지 않은 게 정말 후회된다.

3▶ 우리 외할머니댁은 농촌에 있다. 집이 이미 꽤 오래되기는 했지만, 환경이 매우 아름답다. 문 앞에는 조그만 냇물이 흐르고 집 뒤에는 과일나무가 쭉 심어져 있다. 뜰에는 닭과 오리 몇 마리를 키우며, 검둥개 한 마리도 있다. 매 여름방학이 되면 나는 외할머니댁에 가서 며칠을 보내는데, 외할머니는 늘 나를 데리고 산으로 놀러가신다.

6
✱ 중국의 날씨에 대하여 ✱

1 ▶ 오대석: 베이징은 여름이 정말 덥다.
장란: 중국의 북쪽지방은 모두 여름이 굉장히 더워.
오대석: 남쪽지방도 그러니?
장란: 북쪽지방과 비슷한데, 북쪽지방보다 비가 많이 와.
오대석: 겨울은 분명히 북쪽지방보다 따뜻하겠지?
장란: 그럼. 광저우에서는 겨울에 스웨터 하나만 입어도 돼.

2 ▶ 김재욱: 오늘이 37도래. 기온이 어제보다 더 높네. 더워 죽겠다.
마리리: 정말 참을 수가 없어. 여긴 하얼삔보다 훨씬 더워.
김재욱: 거기는 여름에 덥지 않니?
마리리: 기온이 여기보다 5-6도 정도 낮아서 조금도 안 더워.
김재욱: 겨울은?
마리리: 겨울의 기온은 대부분 영하 20도 정도 돼.
김재욱: 그렇게 추운데 외출을 할 수 있어?
마리리: 외출하는 건 별 문제가 안 돼.

3 ▶ 김재욱: 오늘 어제보다 스웨터 하나를 더 입었는데도 춥네.
장란: 한파가 왔잖아. 기온이 10도 정도 떨어졌는걸.
김재욱: 봄인데도 이렇게 춥다니. 기후가 정말 점점 더 이상해지는 것 같아.
장란: 올해에는 강수량도 예전보다 많이 줄었어. 황사는 점점 더 심해지고. 한국까지 날아가잖아.
김재욱: 보아하니 사람들이 정말로 환경보호를 중시해야겠어.

7
✱ 중국의 도시에 대하여 ✱

1 ▶ 윤혜림: 넌 상하이에 가본 적이 있니?
왕밍: 내가 상하이 사람인 걸.
윤혜림: 상하이는 면적이 베이징만큼 넓어?
왕밍: 상하이는 베이징만큼 넓지 않아. 하지만 상하이의 인구는 베이징보다 많고, 상업도 베이징보다 더 번화해.
윤혜림: 올해 겨울방학에는 너랑 같이 상하이에 가봐야겠다.
왕밍: 좋아. 그때 내가 너에게 가이드를 해줄게.

2 ▶ 김재욱: 베이징은 교통이 어때?
마리리: 서울과 마찬가지로 아주 혼잡해. 특히 출퇴근 시간에는 늘 차가 막혀.
김재욱: 베이징에도 지하철이 있지 않니?
마리리: 베이징의 지하철은 서울만큼 편리하지 않아.
김재욱: 보아하니 도시의 교통이 점점 더 문제가 되는 것 같구나.

3 ▶ 이영애: 이봐. 나한테 조언을 좀 해줘. 국경절에 홍콩에 가는 게 나을까, 아니면 시안에 가는 게 나을까?
왕밍: 어떻게 말해야 하나? 시안이랑 홍콩은 완전히 달라.
이영애: 어떻게 다른데?
왕밍: 고도인 시안에는 명승고적이 홍콩보다 많고, 홍콩은 시안보다 훨씬 현대화되어 있어. 쇼핑의 천국이라고 할 수 있지.
이영애: 그러면 아무래도 시안에 가야겠다. 중국의 역사와 문화를 이해하고 싶거든.

8 ✱ 축하하기 ✱

1▸ 이영애: 시간이 정말 빨리 간다. 1년의 유학 생활이 곧 끝나잖아.
데이빗: 그래, 나도 동감이야.
이영애: 막 중국에 왔을 때 넌 늘 내 이름을 틀리게 불렀었는데.
데이빗: 난 그 일을 까맣게 잊었는데. 네가 늘 '吃饭'을 '期盼'이라고 발음하던 것밖에 기억이 안 나는걸.
이영애: 하하하. 그때 난 발음이 부정확해서 늘 웃음을 자아내곤 했지.
데이빗: 자. 우리의 멋진 유학생활을 위해 건배하자.
데이빗·이영애: 건배!

2▸ 장란: 너 또 회사 그만뒀다면서?
오대석: 너 소식이 정말 빠르구나. 난 지금 기자야.
장란: 이번에는 왜 전직을 했는데?
오대석: 전에 다니던 인터넷회사는 나한테 맞지 않아서 사장님한테 해고당했어.
장란: 지금의 일에는 만족해?
오대석: 기자는 접하는 분야가 광범위해서 나한테 맞는 편이야.
장란: 축하해. 하지만 몸이 상할 정도로 일하지는 마.

3▸ 왕밍: 샤오장이랑 소식이 끊긴 지 꽤 됐네.
윤혜림: 아직 몰랐니? 걔 승진했어. 지금은 부서의 책임자래.
왕밍: 그랬구나. 하지만 그렇다고 해도 옛친구를 잊으면 안 되지.
윤혜림: 아마 바빠서 그럴 거야. 업무 성과가 아주 좋다고 하더라고.
왕밍: 언제 시간 내서 같이 축하해주러 가자.
윤혜림: 내가 보기엔 걔는 요즘 아마 모임을 가질 시간조차도 없을 걸.

부록2- 연습문제 정답

1

1▶ e - a - d - f - b - c

녹음대본

我是韩国留学生，我在北京大学学习汉语，每天上午我上三节课。今天有考试，所以昨天下午去图书馆复习了四个小时。晚上，我跟我的中国朋友一起吃了晚饭，然后回家了。回家后，我先看了一个小时电视，然后又学习了两小时的汉语。晚上十一点，我觉得太累，就睡觉了。考试开始了，我很紧张。

3▶ (1) 四个小时(的)飞机
(2) 半个小时了
(3) 七个小时(的)觉
(4) 一个小时(的)电话
(5) 我父母结婚20多年了
(6) 我们认识9个月了

4▶ (1) '我'와 '告诉' 사이
(2) '好好儿' 앞
(3) '我记下' 앞
(4) '你'와 '多' 사이

5▶ (1) 不能（吸烟）
(2) 不用（热）
(3) 我不想出国留学
(4) 不用，我昨天打了

6▶ (1) 我得做饭
(2) 我得发一封电子邮件给他
(3) 就得努力
(4) 得找工作了

2

1▶ (1) ⓓ　　(2) ⓑ　　(3) ⓐ　　(4) ⓒ

녹음대본

(1) A: 快到中秋节了。
　　B: 是啊，这是中国重要的传统节日。
　　A: 中国人怎么过中秋节？
　　B: 全家团圆，吃月饼，赏月。

(2) A: 春节你们都做什么？
　　B: 贴对联，放鞭炮，吃饺子，相互拜年。
　　A: 听起来挺热闹的。
　　B: 可不是，我最喜欢过春节了。

(3) A: 中国的节日可真多。
　　B: 有传统节日，也有纪念性的节日，我都不清楚。
　　A: 此外，越来越多的年轻人喜欢过外国的节日了。

(4) A: 韩国也过中秋节吗？
　　B: 对，中秋节在韩国也是非常重要的节日。
　　A: 韩国人怎么过中秋节？
　　B: 和中国人差不多，只是我们吃的是打糕。

3▶ (1) 快(要)毕业了
(2) 就(要)上学了
(3) 快(要)关门了
(4) 快冬天了

4▶ (1) 跑过来

(2) 站起来
(3) 走下来
(4) 冷下去
(5) 看起来／吃起来
(6) 买回来

5▸ (1) 我想起来了
(2) 我要学下去
(3) 看起来
(4) 都记下来
(5) 恢复起来

6▸ (1) 越下越大
(2) 越写越好
(3) 越跑越快
(4) 越看越有意思

3

1▸ (1) ⓓ　(2) ⓐ　(3) ⓒ　(4) ⓑ

녹음대본

(1) A：他们在说什么你听得懂吗？
B：听不懂，不过你可以看字幕。
A：字幕太小了，我看不清楚。

(2) A：一连几天开夜车，受得了吗？
B：没办法。就要考试了，不开夜车复习不完啊。

(3) A：你打算报考哪所大学？
B：北京大学，我想成为一名记者。
A：那是名牌大学，新闻专业很有名。
B：你看我考得上吗？
A：凭你的成绩，肯定考得上。

(4) A：这件衣服很漂亮。
B：就是太贵了，我可买不起。
A：那件五百元的怎么样？
B：倒是买得起，可是我不喜欢。

2▸ (1) 北京大学是名牌大学／凭你的成绩
(2) 开夜车／受得了／一边写一边记
(3) 供得起供不起／一边学习一边打工

3▸ (1) 拿得了拿不了／拿得了
(2) 听得懂听不懂／听不懂
(3) 起得来起不来／起不来

4▸ (1) 我一个人搬不了这么多书。
(2) 词典里查不到这个字。
(3) 我复习不完这么多书。
(4) 我买不起这么贵的车。

5▸ (1) 他一边看报纸一边喝茶。
(2) 她一边唱歌一边跳舞。
(3) 她一边看电视一边喝啤酒。

6▸ (1) 我一边写毕业论文一边找工作。
(2) 我们一边喝茶一边聊天儿。
(3) 爸爸一边抽烟一边想问题。
(4) 妈妈一边听音乐一边收拾房间。

4

1▸ (1) ⓒ　(2) ⓐ　(3) ⓑ　(4) ⓓ

녹음대본

(1) A：在旭，你的相机借我用用吧。
B：你自己不是有相机吗？
A：摔坏了，还没修呢。

B：真不巧，我的让张兰借走了。

(2) A：昨天的球赛5号表现得怎么样？
　　B：甭提了，他刚上场就被人踢倒了。
　　A：真是倒霉透了。

(3) A：怎么了，无精打采的？
　　B：倒霉透了，宿舍被盗了。
　　A：丢了什么东西？
　　B：信用卡、身份证、新买的数码相机什么的。

(4) A：真糟糕，比赛时下起大雨来了。
　　B：可不是，衣服都被淋湿了。
　　A：小心点儿，可别感冒了。

2▸ (1) 甭提了／怎么回事
(2) 真是倒霉透了／我的钱包被人偷去了／什么的／破财免灾

3▸ (1) 照片照得真漂亮。
(2) 信已经寄出去三天了。
(3) 我家的电脑已经修好了。
(4) 生日礼物昨天就准备了。

4▸ (1) 衣服都被妈妈洗了。
(2) 环境被污染了。
(3) 《我的野蛮女友》被翻译成中文。
(4) 衣服被雨水湿透了。

5▸ (1) ×→那本书被我朋友借走了。
(2) ×→电脑被他修好了。
(3) ○
(4) ×→书包没被别人拿走。
(5) ×→钱叫我花完了。

6▸ (1) 他哪儿病了？
(2) 这件衣服怎么不贵？
(3) 我怎么能参加比赛呢？
(4) 你不是已经有很多衣服了吗？
(5) 医生不是说你不能喝酒吗？
(6) 谁知道他去哪儿了？

1▸ A (1) 关着呢
　　(2) 穿着韩服
　　(3) 正上着课呢
　　(4) 挂着中国地图

　　B (1) 背着书包去学校
　　(2) 躺着看书
　　(3) 喝着咖啡聊天儿
　　(4) 骑着自行车去上班

3▸ (1) 得　(2) 地　(3) 好的　(4) 得
(5) 的　(6) 地　(7) 得　(8) 的

1▸ (1) 这个杯子比那个大。
(2) 小张比小李来得早。
(3) 济洲道比汉城热多了。
(4) 小王比小李高多。
(5) 这件毛衣比那件便宜一点儿。
(6) 张兰的年龄跟丽丽差不多。
(7) 小马的考试成绩比小张还差。
(8) 小李比小王多买了两本书。

2▸ A (1) 一点儿也不会说
(2) 一点儿也没做

121

(3) 一点儿也不便宜
(4) 一点儿也没有意思

B (1) 都春天了
(2) 我都快六十了

C (1) 气候越来越反常了
(2) 他的声音越来越小

D (1) 今天气温跟昨天差不多
(2) 我的爱好跟你差不多

E (1) 一天没吃东西，饿死了
(2) 急死了，飞机快要起飞

(4) 看起来王明比大卫小多了
(5) 特别是语言交流方面
(6) 两个地方气候完全不一样

8

1 ▶ (1) 把音乐关掉吧
(2) 请把窗关上
(3) 我把照片放在桌子上
(4) 我把钥匙弄丢了
(5) 我得先把衣服洗完
(6) 我要把它送给我的女朋友
(7) 我把护照放哪儿了
(8) 我已经把成绩单寄给他们了

7

1 ▶ A (1) 我的车外形跟你的不一样。
(2) 这双鞋的颜色跟那双不一样。
(3) 这件衣服的价格跟那件不一样，这件便宜得多。
(4) 小李的头发跟小马一样长。

B (1) B班的学生没有A班那么多。
(2) 我们的房子没有你们的这么新。
(3) 那条裙子没有这条这么短。
(4) 在旭写字写得没有王明那么好。

C (1) 我跑得不如他好。
(2) 小李的酒量不如小王多。
(3) 北京不如上海凉快。
(4) 这个楼不如那个楼高。

2 ▶ (1) 城市交通越来越成问题
(2) 坐飞机比坐火车快
(3) 帮我出个主意

2 ▶ (1) 天这么阴，依我看，马上就要下雨了
(2) 现在已经2比0，依我看，韩国队肯定会赢
(3) 他一点儿也没有复习
(4) 今天没来上课
(5) 连一本也没看过
(6) 连一口饭也没吃

3 ▶ (1) 我早忘得一干二净了
(2) 是啊，我也有同感
(3) 怎么会呢
(4) 依我看，你最好穿那件黑色的
(5) 我不认识，我连他的名字都不知道

4 ▶ (1) 到   (2) 给
(3) 在   (4) 成
(5) 成   (6) 给
(7) 到

부록3- 본문 단어 색인

| 단어 | 한어병음 | 페이지 |

A

| 哎 | āi | 7 |

B

把	bǎ	8
摆	bǎi	5
拜年	bàinián	2
办法	bànfǎ	3
保护	bǎohù	6
报考	bàokǎo	3
北方	běifāng	6
背	bèi	3
被	bèi	4
甭	béng	4
比	bǐ	7
毕业	bìyè	3
鞭炮	biānpào	2
表现	biǎoxiàn	4
别人	biérén	4
部门	bùmén	8
不如	bùrú	7
布置	bùzhì	5

C

裁判	cáipàn	4
参观	cānguān	5
参加	cānjiā	1
差不多	chàbuduō	2
常常	chángcháng	8
场	chǎng	4
超市	chāoshì	2
炒鱿鱼	chǎo yóuyú	8
成	chéng	6
成绩	chéngjì	3
城市	chéngshì	7
吃苦	chīkǔ	3
充实	chōngshí	1
抽	chōu	5
臭	chòu	4
初	chū	2
除夕	chúxī	2
传统	chuántǒng	2
窗	chuāng	5
吹黑哨	chuī hēishào	4
春节	Chūnjié	2
辞	cí	8
此外	cǐwài	2

D

达到	dádào	1
打糕	dǎgāo	2
打工	dǎ gōng	3
大概	dàgài	5
大年	dànián	2
单词	dāncí	3

123

当	dāng	7
当然	dāngrán	6
倒霉	dǎoméi	4
导游	dǎoyóu	7
盗	dào	4
倒(是)	dào(shì)	3
得	děi	1
低	dī	6
地毯	dìtǎn	5
电视	diànshì	1
读	dú	1
对联	duìlián	2
对面	duìmiàn	5

F

发音	fāyīn	1
罚	fá	4
法律	fǎlǜ	3
反常	fǎncháng	6
繁荣	fánróng	7
方便	fāngbiàn	7
房子	fángzi	5
放	fàng	2
非常	fēicháng	2
费用	fèiyòng	3
复习	fùxí	3

G

干杯	gānbēi	8
跟	gēn	7
供	gōng	3
恭喜发财	gōngxǐ fācái	2
购物	gòuwù	7
古都	gǔdū	7
刮	guā	6
挂	guà	5
挂失	guàshī	4
广	guǎng	8
广州	guǎngzhōu	6
国庆节	Guóqìngjié	2
国外	guówài	3
果树	guǒshù	5

H

哈尔滨	Hā'ěrbīn	6
寒假	hánjià	7
寒流	hánliú	6
韩语	Hányǔ	1
汉语	Hànyǔ	1
汉语水平考试	Hànyǔ Shuǐpíng Kǎoshì	1
盒	hé	2
河	hé	5
黑狗	hēigǒu	5
红牌	hóngpái	4
后悔	hòuhuǐ	5
坏	huài	4
环境	huánjìng	5
婚礼	hūnlǐ	5

J

鸡	jī	5
级	jí	1
……极了	……jí le	5
记	jì	3
记得	jìde	8
记者	jìzhě	8
纪念性	jìniànxìng	2
技术	jìshù	4

加倍	jiābèi	3
交通	jiāotōng	7
叫	jiào	4
接触面	jiēchùmiàn	8
节	jié	1
节日	jiérì	2
介绍	jièshào	5
紧张	jǐnzhāng	1
进步	jìnbù	1
经过	jīngguò	5
旧	jiù	5
聚会	jùhuì	8

K

开心	kāixīn	5
开夜车	kāi yèchē	3
可是	kěshì	5
客人	kèrén	5
客厅	kètīng	5
肯定	kěndìng	3

L

来得及	lái de jí	4
劳动节	Láodòngjié	2
老板	lǎobǎn	8
理想	lǐxiǎng	3
历史	lìshǐ	7
连……也/都	lián……yě/dōu	8
恋爱	liàn'ài	5
了解	liǎojiě	7
灵通	língtōng	8
留学	liúxué	3

M

满意	mǎnyì	8
毛衣	máoyī	6
每	měi	5
美好	měihǎo	8
密码	mìmǎ	4
名牌	míngpái	3
名胜古迹	míngshèng gǔjì	7

N

拿	ná	2
南方	nánfāng	6
闹笑话	nào xiàohuà	8
年轻人	niánqīngrén	2
农村	nóngcūn	5

P

怕	pà	3
片	piàn	5
凭	píng	3
平米	píngmǐ	5
铺	pū	5

Q

期盼	qīpàn	8
气候	qìhòu	6
钱包	qiánbāo	4
墙	qiáng	5
清华大学	Qīnghuá Dàxué	1
清楚	qīngchu	2

庆贺	qìnghè	8
取	qǔ	4
全	quán	2

R

然后	ránhòu	1
让	ràng	4
热闹	rènao	2
人口	rénkǒu	7
容易	róngyì	1

S

沙尘暴	shāchénbào	6
沙发	shāfā	5
商业	shāngyè	7
赏	shǎng	2
上班	shàngbān	7
身份证	shēnfènzhèng	4
深造	shēnzào	3
声调	shēngdiào	1
生活	shēnghuó	8
升职	shēngzhí	8
时间	shíjiān	1
实现	shíxiàn	3
室	shì	5
适合	shìhé	8
收	shōu	2
首尔	Shǒuěr	7
受	shòu	3
受不了	shòu bu liǎo	6
数码	shùmǎ	4
摔	shuāi	4
双	shuāng	5
死	sǐ	6

虽然	suīrán	1

T

台	tái	5
套	tào	5
特别	tèbié	3
提	tí	4
天堂	tiāntáng	7
条	tiáo	5
跳槽	tiàocáo	8
贴	tiē	2
厅	tīng	5
同感	tónggǎn	8
偷	tōu	4
透	tòu	4
团圆	tuányuán	2

W

外国	wàiguó	2
外婆	wàipó	5
完全	wánquán	7
文化	wénhuà	7
屋	wū	5
吴大锡	Wú Dàxī	1
无精打彩	wú jīng dǎ cǎi	4

X

西安	Xī'ān	7
希望	xīwàng	1
喜联	xǐlián	5
喜糖	xǐtáng	5
喜烟	xǐyān	5

下班	xiàbān	7
下降	xiàjiàng	6
现代	xiàndài	7
香港	Xiānggǎng	7
相互	xiānghù	2
相机	xiàngjī	4
像	xiàng	2
像……一样	xiàng……yíyàng	1
消息	xiāoxi	8
小时	xiǎoshí	1
小偷	xiǎotōu	4
小心	xiǎoxīn	4
写	xiě	1
新	xīn	4
新房	xīnfáng	5
新郎	xīnláng	5
新娘	xīnniáng	5
信用卡	xìnyòngkǎ	4
修	xiū	4

Y

鸭	yā	5
压岁钱	yāsuìqián	2
雅致	yǎzhì	5
养	yǎng	5
要是	yàoshi	3
依……看	yī……kàn	8
一下子	yíxiàzi	8
以前	yǐqián	8
一般	yìbān	6
一干二净	yì gān èr jìng	8
一连	yìlián	3
一心二用	yì xīn èr yòng	3
应该	yīnggāi	6
拥挤	yōngjǐ	7

优美	yōuměi	5
尤其	yóuqí	5
有名	yǒumíng	3
雨水	yǔshuǐ	6
原来	yuánlái	8
院子	yuànzi	5
月	yuè	2
月饼	yuèbǐng	2
越来越……	yuèláiyuè……	2

Z

再	zài	1
着	zhe	5
真是	zhēnshi	6
正月	zhēngyuè	2
只	zhī	5
只是	zhǐshì	2
中秋节	Zhōngqiūjié	2
中央政法大学	Zhōngyāng Zhèngfǎ Dàxué	3
种	zhòng	5
重视	zhòngshì	6
重要	zhòngyào	2
主意	zhǔyi	7
祝贺	zhùhè	8
抓住	zhuāzhù	4
专业	zhuānyè	3
准	zhǔn	8
准备	zhǔnbèi	1
最好	zuìhǎo	3
做	zuò	3

부록 4 - 보충어휘 색인

단어	한어병음	페이지

A

安静	ānjìng	28

B

百货商店	bǎihuòshāngdiàn	32
拜月	bàiyuè	29
办公室	bàngōngshì	104
背	bèi	67
比赛	bǐsài	67
必须	bìxū	14
表	biǎo	104
宾馆	bīnguǎn	41

C

迟到	chídào	106
抽屉	chōuti	27
出色	chūsè	106
春联	chūnlián	29

D

答	dá	42
到达	dàodá	67
灯光	dēngguāng	67
灯笼	dēnglóng	29
掉	diào	105
东西	dōngxi	30
端午节	Duānwǔjié	29

F

房子	fángzi	41
飞	fēi	28

G

赶上	gǎnshàng	42
公分	gōngfēn	81
怪不得	guàibude	102
广告	guǎnggào	83
国家	guójiā	68

H

海边	hǎibiān	69
韩服	hánfú	71
厚	hòu	81
护照	hùzhào	105
恢复	huīfù	33

J

记	jì	19
记得	jìde	109
加	jiā	83
家具	jiāju	68
加薪	jiāxīn	106
架	jià	28
渐渐	jiànjiàn	28
交	jiāo	106
节目	jiémù	83
酒量	jiǔliàng	95
决心	juéxīn	42

K

卡通片	kǎtōngpiàn	81
考虑	kǎolǜ	15
渴	kě	81
昆明	Kūnmíng	95

L

腊八粥	làbāzhōu	29
亮	liàng	67
辆	liàng	68
聊天	liáotiān	69
龙舟赛	lóngzhōusài	29
录音机	lùyīnjī	105

M

秘密	mìmì	104
模特儿	mòtèr	16
目的地	mùdìdì	67

N

能力	nénglì	42
年画	niánhuà	29
年龄	niánlíng	81
年夜饭	niányèfàn	29

P

排	pái	27

Q

起飞	qǐfēi	83
千万	qiānwàn	109
钱包	qiánbāo	27
情况	qíngkuàng	30

R

认	rèn	28
认真	rènzhēn	42

S

赏月	shǎngyuè	29
声音	shēngyīn	105
湿	shī	58
时间	shíjiān	14
石头	shítou	68
市里	shìli	30

试验	shìyàn	68
手术	shǒushù	68
书架	shūjià	104
顺利	shùnlì	42

T

体育	tǐyù	83
天津	Tiānjīn	81
条件	tiáojiàn	42
退休	tuìxiū	83

W

外形	wàixíng	95
威海	Wēihǎi	81
文章	wénzhāng	104
污染	wūrǎn	58

X

香包	xiāngbāo	29
箱子	xiāngzi	68
想	xiǎng	27
小学	xiǎoxué	33
心情	xīnqíng	33
醒	xǐng	28
学期末	xuéqīmò	69

Y

眼泪	yǎnlèi	105
咬	yǎo	68
应该	yīnggāi	14
赢	yíng	106
幼儿园	yòu'éryuán	106
有利	yǒulì	42
元宵	yuánxiāo	29
元宵节	Yuánxiāojié	29
远处	yuǎnchù	30
月饼	yuèbǐng	29

Z

张	zhāng	68
钟馗	Zhōngkuí	29
中药	zhōngyào	81
终于	zhōngyú	28
主意	zhǔyi	81
仔细	zǐxì	71
粽子	zòngzi	29

MEMO

MEMO

MEMO

MEMO

MEMO

MP3 파일 다운로드 및
실시간 재생 서비스

다락원 중국어회화 −초급에서 중급으로

편저 宋乐永, 孙同明, 郑彬, 唐鹏举
펴낸이 정규도
펴낸곳 (주)다락원

초판 1쇄 발행 2004년 11월 5일
초판 14쇄 발행 2023년 8월 25일

책임편집 최준희, 이상윤
디자인 정현석, 김금주

다락원 경기도 파주시 문발로 211
전화 (02)736-2031 내선 430
팩스 (02)732-2037
출판등록 1977년 9월 16일 제406-2008-000007호

Copyright ⓒ 2004, 宋乐永 外

저자 및 출판사의 허락 없이 이 책의 일부 또는 전부를
무단 복제·전재·발췌할 수 없습니다. 구입 후 철회는 회사
내규에 부합하는 경우에 가능하므로 구입문의처에
문의하시기 바랍니다. 분실·파손 등에 따른 소비자 피해에
대해서는 공정거래위원회에서 고시한 소비자 분쟁 해결
기준에 따라 보상 가능합니다. 잘못된 책은 바꿔 드립니다.

ISBN 978-89-7255-960-3 18720
ISBN 978-89-7255-376-2 (세트)

---

http://www.darakwon.co.kr
다락원 홈페이지를 방문하시면 상세한 출판정보와 함께 동영상강
좌, MP3자료 등 다양한 어학 정보를 얻으실 수 있습니다.